Herrn Prof. D. Dr. Ernst Benz
und
Herrn Dr. Erich Geldbach
zugeeignet

Norbert Fehringer

Väter des Pietismus

Wer sie sind und was sie uns sagen

Verlag der Francke-Buchhandlung GmbH
Marburg an der Lahn

2. Auflage 1982
(Die 1. Auflage erschien unter dem Titel
THEMA: FRÖMMIGKEIT)

ISBN 3-920345-32-0

Umschlaggestaltung: Egon Schwartz
Herstellung: Schönbach-Druck GmbH, 6106 Erzhausen bei Darmstadt

Inhaltsverzeichnis

Vorwort

Die vorliegende Textsammlung möchte den Leser zum neuen Nachdenken über ein Thema ermuntern, das in der geistigen und geistlichen Situation unserer Tage auf den ersten Blick scheinbar längst an Aktualität verloren hat. Denn alle Texte sind von der vielleicht antiquiert anmutenden Frage bestimmt: Was ist Frömmigkeit, was zeichnet einen frommen Menschen aus?

Ist eine solche Frage überhaupt noch berechtigt in einer Zeit, in der die Theologie selbst bedroht ist, ihren Mittelpunkt, nämlich Gott und sein Wort, zu vergessen und sich statt dessen anschickt, als „Theologie nach dem Tode Gottes" zu überdauern oder als „Theologie der Revolution" zu neuen Ufern aufzubrechen?

Freilich leben wir in einer Epoche des Christentums, die man recht zutreffend als „Revolution um Gott und den Glauben" charakterisieren kann, und die Angriffe derjenigen, die für eine „Humanität ohne Gott" plädieren und zu massenhaftem Kirchenaustritt aufrufen, sind wohl heute schärfer und polemischer, als sie jemals im Verlauf der Geschichte der Kirche laut geworden sind.

Gleichwohl und gerade deshalb sollten wir in das Bekenntnis derer einstimmen, die längst vor uns erkannt haben, daß wir ohne den Glauben an den, der uns sicher durch die Wirrnis aller Zeiten leitet, rettungslos verloren sind. In diesem Sinne also steht Gott selbst auf dem Spiel; er fordert uns auf, nicht in betrübte Resignation zu verfallen, sondern den guten Kampf des Glaubens zu führen und Zeugnis von diesem Glauben bei denen abzulegen, die nicht zu ihm finden können und deren Blick durch intellektuelle und geistliche Zerrbilder verblendet ist. Wie wir heute solches Zeugnis ablegen können, das haben uns, so meine ich, die Gestalten des Pietismus in einzigartiger Weise vorgelebt. Deshalb mag es sich schon lohnen, auf ihre schriftlich überlieferten Zeugnisse zu hören.

Nun bedarf es aber gleich zu Beginn eines erklärenden Wortes zur Art der Auswahl der hier vorgelegten Texte. Es kann freilich nicht darum gehen, eine Anthologie, einen repräsentativen Querschnitt, aus der Mannigfaltigkeit der Äußerungen und Ausprägungsformen des Pietismus zu liefern. Vielmehr soll an einigen Texten seiner führenden Häupter paradigmatisch, das heißt beispiel- und musterhaft, die allen gemeinsame Frage aufgezeigt werden, von der wir eingangs schon sprachen: Was bedeutet es für einen Menschen, hier und jetzt in seinem Leben, *fromm* zu sein? Und auf diese Frage bekommen wir verschiedene, eigenständige Antworten zu hören, die sich aber sämtlich in einem Grund verankert wissen, nämlich im unerschütterlichen Vertrauen auf die gnädige Führung Gottes, dem der Mensch nachfolgen kann und darf, wohin auch immer er ihn führen mag, auch mitten durch die theologische und geistige Zerrissenheit unserer Gegenwart.

Die Sprache der hier gesammelten Texte ist soweit wie möglich der unseren angeglichen, weil sie eben von jedem, der lesen möchte, verstanden werden soll. Es geht also zugleich um Wahrung der Ursprünglichkeit der Quellen wie um gegenwärtige Verständlichkeit ihres Inhaltes auch für einen theologisch nicht vorgebildeten Leser. Für den theologisch Interessierten ist eine ausgewählte Bibliographie beigegeben.

Auf jeden Fall möchte das Büchlein Leser finden, die in aller Offenheit und Kritik über das Wesen von Frömmigkeit nachdenken wollen, wie es hier in vielfältiger Weise zum Ausdruck kommt. Und wir können dabei jedem Leser kein besseres Motto mit auf den Weg geben als ein Wort von August Hermann Francke: „Realist ist, wer Gott ernst nimmt."

Zur Einführung

Hat der Pietismus bleibende Werte geschaffen, so daß wir nach seinem „geschichtlichen Auftrag in der Gegenwart" (Erich Beyreuther) zu fragen berechtigt sind? Kann es sich überhaupt lohnen, heute einer geschichtlichen Epoche zu begegnen, die vom Ende des Dreißigjährigen Krieges bis zur Mitte des 18. Jahrhunderts reicht, also selbst ihren Verlauf in einer Zeit sozialer, politischer, geistiger und religiöser Umwälzungen nimmt, während wir doch gerade heute wieder die mannigfachsten Umbrüche auf allen Gebieten unseres geistigen und geistlichen Lebens durchzustehen haben? Sollte man nicht eher — wenn man überhaupt schon die Bereitschaft aufbringt, sich mit geschichtlichen Fragen zu beschäftigen — zu ruhigeren, gemäßigteren Epochen Zuflucht nehmen (wenn es solche je gegeben hat)?

Hinzu kommt, daß gerade der Pietismus, der überhaupt schon seinen Namen dem Spott seiner Gegner verdankt, mit den vielfältigsten Vorurteilen belastet ist: „Man bezichtigt ihn entsprechend der rosarot gefärbten Rokokozeit einer süßlich-femininen Tändelei, einer unnatürlichen Sprache Kanaans und einer engherzig-weltflüchtigen Einstellung den Kulturgütern gegenüber" (Walter Nigg).

Kurzum: Wo liegen die Beweggründe für die Beschäftigung mit einem solch verstaubt und weltfremd anmutenden Thema?

Der Kirchenhistoriker Martin Schmidt hat die bestimmende Absicht des Pietismus mit einer eindrucksvollen Formel umschrieben: „Weltverwandlung durch Menschenverwandlung." Und tatsächlich kann uns diese Formel zu echtem Verstehen der pietistischen Bewegung Anleitung geben. Es geht also — vorläufig gesagt — um die Welt, um den Menschen und um deren Verwandlung!

Wer wollte bestreiten, daß dies ein hochaktuelles Gegenwartsproblem ist, denn von allen Seiten unseres öffentlichen Lebens erschallt doch der fordernde Ruf nach Veränderung des Bestehenden. Wer anders als Welt und Mensch sollte denn damit gemeint sein?

Fragen wir also danach, auf welche Weise und auf welchem Gebiet der Pietismus eine Verwandlung, eine Veränderung — sagen wir ruhig: eine Revolution — durchgeführt hat.

Wenn wir mit der Etymologie, dem Ursprung, des Wortes „Pietismus" beginnen, wird sofort deutlich, worum es dem Inhalt nach geht, denn das lateinische Wort ‚pietas' bedeutet ‚Frömmigkeit'! Warum belegt man nun eine ganze kirchengeschichtliche Epoche mit diesem Namen? Zeigt sich vielleicht hier ein neues, verändertes Wesen von Frömmigkeit, wie man es zuvor nicht oder nicht mehr kannte?

In der Tat muß die Frage so gestellt werden. Man bezeichnet das dem Pietismus unmittelbar vorangehende Zeitalter in der kirchengeschichtlichen Forschung als ‚Orthodoxie'. Diese vermeintliche ‚Rechtgläubigkeit' (so die Übersetzung) war um den hohen Preis eines völligen Frömmigkeitsverlustes erkauft worden. Die orthodoxe Schultheologie des 16. Jahrhunderts hatte die Rechtfertigungslehre Luthers verrechtlicht, das Evangelium war längst zum Objekt intellektueller Spielerei entartet. Der religiöse Mensch hatte sich durch die Beherrschung der dogmatisch richtigen Lehraussagen zu qualifizieren, nicht durch echte, gelebte Frömmigkeit. Kurz gesagt: Die Einheit von Theologie und Frömmigkeit war im 16. Jahrhundert auseinandergebrochen!

Vor allem nun Johann Arndt, der nachher selbst zu Worte kommen wird, hat zu Beginn des 17. Jahrhunderts (obwohl selbst noch orthodoxer Theologe) eine „neue Frömmigkeit" (W. Zeller) anzubahnen geholfen. Er ist zum Wegbereiter pietistischer Frömmigkeit geworden! Es ist nicht von ungefähr, daß sich die meisten Pietisten der durch ihn neu entdeckten theologischen Tradition verpflichtet wissen sollten.

Verweilen wir einen Augenblick bei ihm und versuchen wir, einige für den späteren Pietismus charakteristischen Hauptmerkmale aus seinem Werk herauszulesen.

Arndt stellt dem „großen und schändlichen Mißbrauch des heiligen Evangeliums in dieser letzten Welt" das Ideal vom „wahren Christentum" gegenüber. Mit diesem Gegensatz ist m. E. bereits die ganze Wesensbestimmung des Pietismus vorweggenommen!

1. Die Theologie war infolge ihrer totalen Intellektualisierung im 16. Jahrhundert in Unordnung geraten, Glaube und Leben hatten ihren Zusammenhalt verloren. In dieser für den Fortbestand des Christentums gefährlichen Situation erkennt Johann Arndt, daß Frömmigkeit und Leben aufs engste ineinander verwoben und aufeinander bezogen sind. Man kann diese Entdeckung ihrer Bedeutung nach durchaus mit der reformatorischen Wende, der Rechtfertigungserfahrung, in Luthers Theologie vergleichen. Bei Arndt bahnt sich eine Reformation nach der Reformation an. Und es entspricht dem Selbstverständnis der Pietisten, wenn man sagt, daß sie diese Reformation zu Ende führen wollten! Johann Arndt hat für die Frömmigkeit die Bedeutung des ‚Lebens Christi' entdeckt, und zwar nicht im Sinne der mittelalterlichen ‚imitatio (Nachahmung) Christi', wie sie bei Thomas a Kempis angesprochen war, sondern als ‚Nachfolge' Christi: es ist die Aufgabe des Christen, „Christi Lehre ins Leben zu verwandeln", den Glauben in der Tat zu erweisen und ‚glaubwürdig' zu machen. Das niedrige, demütige, einfache Leben Christi soll dem Christen zum Exempel für sein persönliches, frommes Leben werden.

2. Dazu freilich ist es nötig, daß sich der Christ *täglich* von seinen Sünden bekehrt und zu seiner eigentlichen Bestimmung, nämlich zum Ebenbild Gottes (imago Dei), wiedergeboren wird. Arndt redet also nicht von einem statischen, einmaligen, datierbaren Bekehrungserlebnis, sondern von einem ständig sich wiederholenden Prozeß. Das spätere pietistische Verständnis von Bekehrung und Wiedergeburt weicht allerdings von dieser Sicht Johann Arndts insofern ab, als es mit Nachdruck gerade die einmalige Bekehrung betont; diese Tatsache wird vor allem im Bekehrungserlebnis August Hermann Franckes zum Ausdruck kommen.

3. Mit alldem ist nun zwangsläufig auch ein neues Theologie-

verständnis gegeben. Theologie ist für Arndt nicht nur und in erster Linie ‚Wissenschaft', sondern vielmehr „lebendige Erfahrung und Übung", eben „Praxis-Theologie", die Glaube und Frömmigkeit im Leben zu verwirklichen hat.

Und auch hier klingt ein für den späteren Pietismus bestimmender Wesenszug an: Theologie wird hauptsächlich als „theologia biblica et practica", als biblische und praktische Theologie verstanden; die Bibel ist Maßstab und Orientierung für das Leben und Handeln des Christen. Von hieraus können wir den Pietismus als eine Bibelbewegung bezeichnen! Und wenn wir etwa an die „collegia philobiblica" (wissenschaftliche Bibelstudienkreise) August Hermann Franckes denken, so erkennen wir, daß es sich hier durchaus um wissenschaftlich-exegetische Schriftauslegung handelt; die pietistische Bibelbegeisterung streitet also in ihren Anfängen in keiner Weise gegen die theologische Forschung. Freilich erhält die Bibel einen neuen Stellenwert: „Die Bibel blieb nicht vorwiegend Lehrbuch. — Als persönliches Wort auf dem eigenen Weg wurde es neu ergriffen und drängte die von ihm innerlich erfaßten Leser zum mündlichen Wort, zum Zeugnis ihres Glaubens. Dieser alte Pietismus wußte sich zum Lernen berufen. Diese Bibelbegeisterung war durchaus nicht naiv unbekümmert, sondern sehr ernsthaft. Die Bibel sollte wirklich sagen können, was sie sagen will als freies Wort, das nicht eingebunden werden konnte in ein dogmatisches System" (Erich Beyreuther).

Der Ruf: „Zurück zur Schrift" ist eben auch ein reformatorischer Ruf, der an alle gerichtet ist, die mit Ernst Christen sein wollen. Und hierin erkennen wir den Pietismus als Laienbewegung, als Priestertum aller Gläubigen, als praktisches Christentum. Wohlgemerkt: Der Pietismus bringt kein wissenschaftliches Verstandesopfer auf dem Altar eines vermeintlichen wahren, verinnerlichten Christentums, vielmehr hat er uns die echte Beziehung zwischen Wissenschaft und Glaube erstritten.

4. Aber noch ein weiterer charakteristischer Wesenszug des späteren Pietismus liegt in der oben genannten Arndtschen Antithese schon begründet.

Wenn Johann Arndt von seiner Gegenwart als „dieser letzten

Welt" redet, so setzt er damit der toten Lehre der Orthodoxie die lebendige Erwartung des nahe bevorstehenden Gottesreiches entgegen. Alle Pietisten haben diese Endzeit- und Reichserwartung mit glühender Begeisterung aufgenommen.

„Der ursprüngliche Pietismus hat der Christenheit die Botschaft vom Reich zurückgewonnen" (Walter Nigg).

In der Tat müssen wir den gesamten Pietismus als eschatologische (endzeitliche) Bewegung verstehen, die in einem ganz konkreten Sinne der herrlichen Parusie (Wiederkunft) Christi entgegenwartet.

Wie muß nun nach pietistischer Auffassung die ‚wahre' Kirche der Endzeit beschaffen sein? Die Antwort, die der Pietismus auf diese Frage gegeben hat, ist wohl das umfassendste Vermächtnis, das er unserer Gegenwart hinterlassen hat.

Angesichts der erhofften baldigen Wiederkunft Christi und der Aufrichtung des Reiches Gottes darf es keine in Sekten, Gruppen, Denominationen und Religionsparteien gespaltene und zerstrittene Kirche geben, sondern es wird nur die Kirche vor dem kommenden Christus bestehen können, die in Eintracht und Frieden die wahren, erleuchteten, bekehrten, wiedergeborenen Christen in sich versammelt hat.

Von hieraus wird es deutlich, daß der Pietismus den Gemeinschaftsgedanken in seiner Ekklesiologie (Lehre von der Kirche) besonders hervorhebt. Zu dieser Gemeinschaft kann jeder Christ gehören, der sich „mit Ernst zu Gott bekehren will".

Der fromme Mensch trägt also nach pietistischer Auffassung eine gemeinschaftsbildende Kraft in sich. Persönliche Glaubensentscheidung und individualistische (persönliche) Frömmigkeit sind dem Pietismus nicht als Verengung, Muckertum und Weltflucht anzulasten, sie begründen im Gegenteil erst seinen universalen Gemeinschaftsgedanken.

„Der Pietismus machte die ökumenische Verbundenheit aller Formen des Christentums wieder lebendig und hielt sie als dringliche Aufgabe bis zur Gegenwart wach" (Martin Schmidt).

5. Abschließend müssen wir noch auf ein grundsätzliches We-

sensmerkmal pietistischer Frömmigkeit hinweisen, das später besonders bei Gottfried Arnold zur Sprache kommen wird: die Idealisierung der Urgemeinde.

Hier bleibt uns nur nach dem Grund zu fragen, weshalb der Pietismus den Versuch unternimmt, das Urchristentum als Idealtyp der seiner Meinung nach durch Institutionalisierung verblaßten Kirche und dem im Gewohnheitsrhythmus erstarrten Christentum seiner Zeit gegenüberstellt.

Dieser Grund ist im pietistischen Kirchengeschichtsverständnis zu suchen, das durch den sog. „Verfallsgedanken" bestimmt ist. Diesem geschichtlichen Verständnis zufolge ist das wahre Christentum der ersten Christen, das sich vor allem durch Eintracht, Einfachheit und Naherwartung des Gottesreiches auszeichnete, im Verlauf der Kirchengeschichte verfallen. Zwar hat es immer wieder Charismatiker (Geistbegabte) und Reformatoren gegeben, die einen retardierenden (verzögernden) Einfluß auf diesen unheilvollen Geschichtsverlauf ausgeübt haben und den Verfall aufgehalten haben, aber die eigentliche Reformation, die die vereinigte Gemeinschaft aller Christen zum Ziel haben würde, bleibt eine für die Gegenwart bestehende Aufgabe.

Wenn wir auch diesem Bild historisch nicht zuzustimmen vermögen, so muß doch der darin liegende missionarische Ruf auch eine christliche Pflicht für unsere Gegenwart bleiben.

„Weltverwandlung durch Menschenverwandlung". Von dieser Formel waren wir ausgegangen. Es mag manchem naiv und banal erscheinen, was der Pietismus zur Lösung dieses (auch besonders heute!) aktuellen Problems beizutragen vermocht hat. Stimmt dieser Eindruck aber wirklich?

Geben wir abschließend Walter Nigg das Wort, der die Bedeutung des Pietismus in folgende Worte gekleidet hat:

„Der Pietismus hat tatsächlich bleibende Werte geschaffen. Gewiß war das Neue, das er ins Leben rief, nicht überall von großem Format ... Es muß nicht alles gigantisch und kolossal sein, um vor dem Richterstuhl des Ewigen bestehen zu können. Warum soll nicht auch etwas klein sein dürfen? Kann nicht im Kleinsten etwas ebenso Wertvolles liegen wie im Größ-

14

ten? Nur eine hysterische Geschichtsschreibung, der die innere Überlegenheit fehlt, kann diese Wahrheit bestreiten. Der Pietismus ist ein Beweis für die Tatsache, daß das Göttliche manchmal den Umweg über das Kleine einschlägt, und dem Unscheinbaren oft eine stärkere Kraft eigen sein kann, als vielen mächtigen Gebilden."

Wenn es gelänge, das in der pietistischen Frömmigkeit angelegte lebendige Element in die Gegenwart hinüberzuholen, so wäre unser kirchengeschichtliches Bemühen um den Pietismus nicht vergebens!

Nachdem wir nun *über* wesentliche pietistische Wesenszüge geredet haben, lassen wir die Väter des Pietismus selbst zu Worte kommen.

Johann Arndt

Johann *Arndt* (1555—1621) wird zutreffend als „Künder des wahren Christentums" (Nigg) und „Bahnbrecher einer ‚Renaissance der Mystik' im deutschen Luthertum" (Zeller) verstanden.

Durch diese beiden Attribute ist seine frömmigkeitsgeschichtliche Bedeutung im wesentlichen umschrieben. Hatten die orthodoxen („rechtgläubigen") Theologen seiner Zeit das Evangelium zu einem reinen Streitobjekt für gelehrte Professoren entwertet, so fragt Arndt nun viel universaler und weitreichender, die Christen aller Schichten und Stände betreffend: Was ist eigentlich Frömmigkeit? Was bedeutet sie für dich in deinem Leben?

Und die Antwort, die er auf diese Frage gibt, ist leicht und doch schwer zugleich: Glaube und Leben gehören aufs engste zusammen, Christus will, daß wir seine Lehre ins Leben verwandeln! Arndt legt seine Gedanken in den bekannten „Vier Büchern vom wahren Christentum" dar, die wohl zu den meistgelesensten und weitverbreitetsten Erbauungs- und Andachtsbüchern aller Zeiten geworden sind. Schon aus den Überschriften der einzelnen Bücher lassen sich Universalität und ökumenische Weite des Inhaltes ersehen: das Buch der Schrift, das Buch des Lebens (Christus), das Buch des Gewissens, das große Weltbuch der Natur.

Glaube und Leben, Welt und Mensch, Gott und Welt, Äußerlichkeit und Innerlichkeit entsprechen sich also! Daraus wird nun auch verständlich, daß Arndt zum Wiederentdecker der Mystik wird. Er meint nämlich, daß die Mystik ebenso wie die Heilige Schrift selbst zur Erbauung des „inneren" Menschen dienen und dem Christen die verlorene wahre, eigentliche Frömmigkeit wiedergewinnen möchten. Deshalb zitiert er in seinen Büchern gerne die Schriften vieler Mystiker (wie etwa Tauler und Seuse), ohne sie indes namentlich zu nennen.

Zu echter Frömmigkeit gehören auch Meditation und Gebet, und mit seinem „Paradiesgärtlein" hat Arndt ein eindrucksvolles, auch noch für unsere Tage lebendiges Gebetbüchlein geschrieben. Kurzum: Worin besteht für Johann Arndt das wahre Christentum? „In Erweisung des wahren, lebendigen, tätigen Glaubens, durch rechtschaffene Gottseligkeit, durch Früchte der Gerechtigkeit."

Vorrede über das erste Buch vom wahren Christentum

Was für ein großer und schändlicher Mißbrauch des heiligen Evangeliums in dieser letzten Welt sei, christlicher lieber Leser, bezeuget genugsam das gottlose, unbußfertige Leben derer, die sich Christi und seines Worts mit vollem Munde rühmen, und doch ein ganz unchristliches Leben führen, gleich als wenn sie nicht im Christentum, sondern im Heidentum lebten. Solch gottlos Wesen hat mir zu diesem Büchlein Ursach gegeben, damit die Einfältigen sehen möchten, worin das wahre Christentum bestehe, nämlich in Erweisung des wahren, lebendigen, tätigen Glaubens, durch rechtschaffene Gottseligkeit, durch Früchte der Gerechtigkeit; wie wir darum nach Christi Namen genannt sind, daß wir nicht allein an Christum glauben, sondern auch in Christo leben sollen, und Christus in uns; wie die wahre Buße aus dem inneren Grunde des Herzens gehen müsse; wie Herz, Sinn und Mut müsse geändert werden, daß wir Christo und seinem heiligen Evangelium gleichförmig werden, daß wir durchs Wort Gottes müssen täglich erneuert werden zu neuen Kreaturen. Denn gleich wie ein jeder Same seinesgleichen bringt: also muß das Wort Gottes in uns täglich neue geistliche Früchte bringen; und so wir durch den Glauben neue Kreaturen geworden sind: so müssen wir auch in der neuen Geburt leben. Summa, wie Adam in uns sterben, und Christus in uns leben soll. Es ist nicht genug, Gottes Wort wissen, sondern man muß auch dasselbe in die lebendige tätige Übung bringen.

Dazu werden dir, lieber Christ, diese Büchlein Anleitung geben, wie du nicht allein durch den Glauben an Christum Vergebung deiner Sünden erlangen sollst; sondern auch, wie du die Gnade Gottes recht sollst gebrauchen zu einem heiligen Leben, und deinen Glauben mit einem christlichen Wandel zieren und beweisen. Denn das wahre Christentum steht nicht in den Worten oder im äußerlichen Schein, sondern im lebendigen Glauben, aus welchem rechtschaffene Früchte und allerlei christliche Tugenden entsprießen, als aus Christo selbst. Denn weil der Glaube menschlichen Augen verborgen und unsichtbar ist: so muß er durch die Früchte erwiesen werden, sintemal der Glaube aus Christo schöpfet alles Gute, Gerechtigkeit und Seligkeit. Wenn er nun beständig erwartet der verheißenen Güter, die dem Glauben versprochen sind: so entsprießt aus dem Glauben die Hoffnung. Denn was ist die Hoffnung anders, denn ein beständiges, beharrliches Erwarten der verheißenen Güter im Glauben? Wenn aber der Glaube dem Nächsten die empfangenen Güter mitteilt: jetzt entspringt aus dem Glauben die Liebe und tut dem Nächsten wieder also, wie ihm Gott getan hat. Wenn aber der Glaube in der Probe des Kreuzes besteht und sich dem Willen Gottes ergibt: jetzt wächst die Geduld aus dem Glauben. Wenn er aber im Kreuz seufzt oder Gott für empfangene Wohltaten dankt: jetzt wird das Gebet geboren. Wenn er aber Gottes Gewalt und des Menschen Elend zusammenfaßt und sich unter Gott schmieget und bieget: jetzt wird die Demut geboren. Wenn er sorget, daß er nicht möge Gottes Gnade verlieren, oder wie Paulus Philipper 2, 12 spricht, mit Furcht und Zittern schaffet, daß er selig werde: jetzt ist die Gottesfurcht geboren.

Also siehst du, wie alle christlichen Tugenden des Glaubens Kinder sind und aus dem Glauben wachsen und entsprießen; und können nicht vom Glauben, als von ihrem Ursprung, getrennt werden, sollen anders wahrhaftige, lebendige, christliche Tugenden sein, aus Gott, aus Christo und aus dem Heiligen Geist entsprossen. Darum kann kein Gott wohlgefällig Werk ohne den Glauben an Christum sein. Denn wie kann wahre Hoffnung, rechte Liebe, beständige Geduld, herzlich Gebet, christliche Demut, kindliche Furcht Gottes ohne Glauben sein? Es muß alles aus Christo, dem Heilbrunnen, durch den Glauben geschöpft werden, beides Gerechtigkeit und alle Früchte der Gerechtigkeit.

Das Bild Gottes im Menschen

Das Bild Gottes im Menschen ist die Gleichförmigkeit der menschlichen Seele, des Verstandes, Geistes, Gemütes, Willens und aller innerlichen und äußerlichen Leibes- und Seelenkräfte mit Gott und der Heiligen Dreieinigkeit und mit allen ihren göttlichen Arten, Tugenden, Willen und Eigenschaften. Denn also lautet der Ratschlag der Heiligen Dreieinigkeit (1. Mose 1, 26): „Lasset uns Menschen machen, ein Bild, das uns gleich sei: die da herrschen über die Fische im Meere, über die Vögel unter dem Himmel, über alles Vieh und über die ganze Erde."

Daraus erscheinet, daß sich die Heilige Dreieinigkeit im Menschen abgebildet, auf daß in seiner Seele, Verstand, Willen und Herzen, ja in dem ganzen Leben und Wandel des Menschen eitel göttliche Heiligkeit, Gerechtigkeit, Gütigkeit erscheinen und leuchten sollte; gleichwie in den heiligen Engeln göttliche Liebe, Kräfte und Reinigkeit ist. Dran wollte Gott seine Lust und Wohlgefallen haben, als an seinen Kindern. Denn gleichwie ein Vater sich selbst siehet und erfreuet in seinem Kinde: also hat auch Gott am Menschen seine Lust gehabt (Sprüche 8, 31). Denn obwohl Gott der Herr sein Wohlgefallen gehabt hat an allen seinen Werken: so hat er doch sonderlich seine Lust an dem Menschen gesehen, weil in demselben sein Bild in höchster Unschuld und Klarheit geleuchtet. Darum sind drei vornehme Kräfte der menschlichen Seele von Gott eingeschaffen: der Verstand, der Wille und das Gedächtnis. Dieselben zeuget und bewahret, heiliget und erleuchtet die Heilige Dreieinigkeit und schmücket und zieret dieselben mit ihren Gedanken, Werken und Gaben. Denn ein Bild ist, darin man eine gleiche Form und Gestalt siehet, und kann kein Bildnis sein, sie muß ein Gleichnis haben dessen, nach dem sie gebildet ist. Also, in einem Spiegel kann kein Bild erscheinen, es empfange denn Gleichnis oder Gleichheit von einem anderen. Und je heller der Spiegel, je reiner das Bild erscheinet; also, je reiner und lauterer die menschliche Seele, je klarer Gottes Bild darin leuchtet.

Zu dem Ende hat Gott den Menschen rein, lauter, unbefleckt

erschaffen, mit allen Leibes- und Seelenkräften, daß man Gottes Bild in ihm sehen sollte: nicht zwar als einen toten Schatten im Spiegel, sondern als ein wahrhaftiges, lebendiges Bild und Gleichnis des unsichtbaren Gottes und seiner überaus schönen, innerlichen, verborgenen Gestalt; das ist: ein Bild seiner göttlichen Weisheit im Verstand des Menschen; ein Bild seiner Gütigkeit, Langmut, Sanftmut, Geduld in dem Gemüt des Menschen; ein Bild seiner Liebe und Barmherzigkeit in den Affekten des Herzens des Menschen; ein Bild der Freundlichkeit, Holdseligkeit, Lieblichkeit und Wahrheit in allen Gebärden und Worten des Menschen; ein Bild der Allmacht in der gegebenen Herrschaft über den ganzen Erdboden und in der Furcht über alle Tiere; ein Bild der Ewigkeit in der Unsterblichkeit des Menschen.

Daraus sollte der Mensch Gott, seinen Schöpfer, und sich selbst erkennen. Den Schöpfer also, daß Gott alles wäre und das einige höchste Wesen, von welchem alles sein Wesen hat, auch daß Gott alles wesentlich wäre, dessen Bild der Mensch trüge. Denn weil der Mensch ein Bild der Gütigkeit ist: so muß Gott wesentlich das höchste Gut und alles Gut sein: er muß wesentlich die Liebe sein, er muß wesentlich das Leben sein, er muß wesentlich heilig sein. Darum auch Gott alle Ehre, Lob, Ruhm, Preis, Herrlichkeit, Stärke, Gewalt und Kraft gebühret und keiner Kreatur, sondern allein Gott, der dies alles selbst wesentlich ist. Darum, als Matthäus 19, 17 einer den Herrn fragte, der ihn für einen pur lautern Menschen ansah: „Guter Meister, was muß ich tun, daß ich das ewige Leben ererbe?" antwortete der Herr: „Was heißest du mich gut? Niemand ist gut, denn der ewige Gott"; das ist: Gott ist allein wesentlich gut, und ohne und außer ihm kann kein wahres Gut sein.

Sich selbst sollte aber der Mensch aus seinem Bildnis also erkennen, daß ein Unterschied sein sollte zwischen dem Menschen und zwischen Gott. Der Mensch sollte nicht Gott selbst sein, sondern Gottes Bild, Gleichnis, Konterfait und Abdruck, in welchem allein sich Gott wollte sehen lassen; also, daß nichts anderes in dem Menschen sollte leben, leuchten, wirken, wollen, lieben, gedenken, reden, freuen denn Gott selbst. Denn wo etwas anderes in dem Menschen sollte gespüret werden, das nicht

Gott selbst wirket und tut: so könnte der Mensch nicht Gottes Bild sein, sondern dessen, der in ihm wirket und sich in ihm sehen läßt. So gar sollte der Mensch Gott ergeben und gelassen sein; welches ein bloß lauter Leiden des göttlichen Willens, daß man Gott alles in ihm lässet wirken und seinem eigenen Willen absaget. Und das heißet, Gott ganz gelassen sein, nämlich, wenn der Mensch ein bloß, lauter, reines, heiliges Werkzeug Gottes und seines heiligen Willens ist und aller göttlichen Werke: also, daß der Mensch seinen eigenen Willen nicht tue, sondern sein Wille sollte Gottes Wille sein; daß der Mensch keine eigene Liebe habe, Gott sollte seine Liebe sein; keine eigene Ehre, Gott sollte seine Ehre sein; er sollte keinen eigenen Reichtum haben, Gott sollte sein Besitz und Reichtum sein, ohne alle Kreatur- und Weltliebe. Also sollte nichts in ihm sein, leben und wirken, denn Gott lauter allein. Und das ist die höchste Unschuld, wenn der Mensch nicht seinen eigenen Willen vollbringt, sondern lässet Gott alles in ihm wirken und vollbringen. Ja, das ist die höchste Einfalt, wie man siehet an einem einfältigen Kinde, in dem keine eigene Ehre und keine eigene Liebe ist.

Also sollte Gott den Menschen gar besitzen von innen und außen, wie wir dessen ein Exempel haben an unserem Herrn Jesu Christi, welcher ein vollkommen Bild Gottes ist, indem er seinen Willen ganz aufgeopfert seinem himmlischen Vater, im höchsten Gehorsam, in Demut und Sanftmut, ohne alle eigene Ehre, ohne alle eigene Lust und Freude; sondern er hat Gott alles in ihm und durch ihn lassen wirken, was er gedacht, geredet und getan. Summa, sein Wille ist Gottes Wille und Wohlgefallen. Darum hat Gott vom Himmel gerufen: „Dies ist mein lieber Sohn, an dem ich Wohlgefallen habe" (Matth. 3, 17). Also ist er das rechte Bild Gottes, aus welchem nichts anderes leuchtet denn allein das, was Gott selbst ist, nämlich eitel Liebe und Barmherzigkeit, Langmut, Geduld, Sanftmut, Freundlichkeit, Heiligkeit, Trost, Leben und Seligkeit. Also wolle der unsichtbare Gott in Christo offenbar und sichtbar werden und sich in ihm dem Menschen zu erkennen geben. Wiewohl er auf eine viel höhere Weise Gottes Bild ist nach seiner Gottheit, nämlich Gott selbst, und Gottes wesentliches Ebenbild und der

Glanz seiner Herrlichkeit: davon wir auf diesmal nicht reden, sondern allein, wie er in seiner heiligen Menschheit gewandelt und gelebt hat.

Eine solche heilige Unschuld ist das Bild Gottes in Adam auch gewesen. Und dasselbe sollte er in wahrer Demut und Gehorsam bewahret und erkannt haben, daß er nicht selbst das höchste Gut wäre, sondern daß er nur des höchsten Guts Bild wäre, das sich in ihm hätte abgebildet. Da er's aber selbst sein wollte, das ist, Gott selbst: da fiel er in die greulichste und schrecklichste Sünde.

Fürs andere sollte der Mensch sich also selbst erkennen, daß er durch dies Bildnis Gottes fähig wäre worden der göttlichen, lieblichen, holdseligen Liebe, Freude, Ruhe, Stärke, Kraft, des Friedens, Lichts: auf daß Gott alles allein im Menschen wäre, allein in ihm lebete und wirkete und also in dem Menschen nicht wäre eigen Wille, eigen Liebe, eigen Ehre und Ruhm, sondern daß Gott allein des Menschen Ruhm und Ehre wäre und allein den Preis behielte. Denn ein Gleiches ist seinesgleichen fähig und keines Widerwärtigen. Ein Gleiches freuet sich je seinesgleichen und hat seine Lust in demselbigen. Also wollte sich Gott ganz ausgießen in den Menschen mit aller seiner Gütigkeit. So ein ganz mitteilendes Gut ist Gott.

Und letztlich sollte der Mensch aus dem Bilde Gottes sich also erkennen, daß er dadurch mit Gott vereiniget wäre und daß in dieser Vereinigung des Menschen höchste Ruhe, Friede, Freude, Leben und Seligkeit stünde. Wie im Gegenteil des Menschen höchste Unruhe und Unseligkeit nirgends anders her entstehen kann, denn wenn er wider Gottes Bild handelt, sich von Gott abwendet und des höchsten, ewigen Gutes verlustig wird.

Der Fall Adams ist der Ungehorsam wider Gott, dadurch sich der Mensch von Gott abgewendet hat zu sich selbst, und Gott die Ehre geraubt, indem er selbst Gott sein wollen; dadurch er des heiligen Bildes Gottes beraubet, nämlich der vollkommenen Erbgerechtigkeit und Heiligkeit, im Verstande geblendet, im Willen ungehorsam und Gott widerspenstig, in allen Kräften des Herzens verkehrt und Gottes Feind worden, welcher Greuel auf alle Menschen durch fleischliche Geburt fortpflanzet und geerbt wird, dadurch der Mensch geistlich tot und erstorben, ein Kind des Zorns und der Verdammnis ist, wo er nicht durch Christum erlöset wird. Darum sollst du, einfältiger Christ, den Fall Adams für keine schlechte und geringe Sünde achten, als wäre derselbe nur ein bloßer Apfelbiß; sondern das ist der Fall gewesen, daß er Gott selbst hat sein wollen. Und das war denn auch des Satans Fall. Das ist aber die schrecklichste und abscheulichste Sünde.

Wenn sich nun ein Mensch von solcher Unart nicht bekehret und in Christo nicht erneuert wird, sondern also stirbt: so bleibet er ewiglich einer solchen hochmütigen, stolzen, hoffärtigen, satanischen Art, ein grimmiger Löwe, ein neidischer Hund, ein reißender Wolf, ein giftiger Wurm und Basilisk; kann auch nimmermehr von solchem Greuel erledigt werden, sondern muß des Satans Bild ewig tragen und behalten in der ewigen Finsternis, zum Zeugnis, daß er nicht in Christo gelebet und nach dem Bilde Gottes erneuert worden; wie die Offenbarung Johannis sagt: Draußen sind die Hunde, die Abgöttischen und Zauberer und alle, die da liebhaben und tun die Lügen usw. (Kap. 21, 8 und Kap. 22, 14).

Die neue Geburt ist ein Werk Gottes, des Heiligen Geistes, dadurch ein Mensch aus einem Kinde des Zorns und Verdammnis ein Kind der Gnade und Seligkeit wird, aus einem Sünder ein Gerechter, durch den Glauben, Wort und Sakrament; dadurch auch unser Herz, Sinn und Gemüt, Verstand, Wille und Affekte erneuert, erleuchtet, geheiliget werden in und nach Christo Jesu zu einer neuen Kreatur. Denn die neue Geburt begreift zwei Hauptwohltaten in sich, die Rechtfertigung und die Heiligung oder Erneuerung (Tit. 3, 5).

Es ist zweierlei Geburt eines Christenmenschen: die alte, fleischliche, sündliche, verdammte und verfluchte Geburt, so aus Adam gehet, dadurch der Schlangensame, des Satans Bild und die irdische und viehische Art des Menschen fortgepflanzet wird; und die geistliche, heilige, selige, gebenedeite, neue Geburt, so aus Christo gehet, dadurch der Same Gottes, das Bild Gottes und der himmlische, gottförmige Mensch geistlicherweise wird fortgepflanzet.

Also hat jeder Christenmensch zweierlei Geburtslinien in ihm: die fleischliche Linie Adams und die geistliche Linie Christi, so aus dem Glauben gehet. Denn gleichwie Adams alte Geburt in uns ist: also muß Christi neue Geburt auch in uns sein. Und das heißet der alte und neue Mensch, die alte und neue Geburt, der alte und neue Adam, das irdische und himmlische Bild, das alte und neue Jerusalem, Fleisch und Geist; Adam und Christus in uns, der inwendige und äußerliche Mensch.

Nun merket: wie wir denn aus Christus neu geboren werden. Gleichwie die alte Geburt fleischlicherweise aus Adam fortgepflanzet wird: also die neue Geburt geistlicherweise aus Christo, und das geschiehet durchs Wort Gottes. Das Wort Gottes ist der Same der neuen Geburt . . . Dies Wort erwecket den Glauben, und der Glaube hält sich an das Wort und ergreifet im Worte Jesum samt den Heiligen Geist. Und durch des Heiligen Geistes Kraft und Wirkung wird der Mensch neu geboren. So geschieht die neue Geburt erstens durch den Heiligen Geist (Joh. 3, 5). Und das nennt der Herr, aus dem Geist geboren werden. Zum zweiten durch den Glauben (1. Joh. 5, 1). Wer da glaubet, daß Jesus sei Christus, der ist aus Gott geboren. Zum dritten durch die heilige Taufe (Joh. 3, 5). „Es sei denn, daß jemand neu geboren werde aus dem Wasser und Geist."

Was der wahre Glaube sei

Der Glaube ist eine herzliche Zuversicht und ungezweifeltes Vertrauen auf Gottes Gnade, in Christo verheißen, von Vergebung der Sünden und ewigem Leben, durch das Wort Gottes und den Heiligen Geist angezündet. Durch diesen Glauben erlangen wir Vergebung der Sünden, lauter umsonst, ohne allen unsern Verdienst, aus lauter Gnade (Eph. 2, 8), um des Verdienstes Christi willen, auf daß unser Glaube einen gewissen Grund habe und nicht wanke. Und diese Vergebung der Sünden ist unsere Gerechtigkeit, die wahrhaftig, beständig und ewig ist vor Gott. Denn es ist nicht eines Engels Gerechtigkeit, sondern des Gehorsams, Verdienstes und Blutes Christi, und wird unser eigen durch den Glauben. Ob nun dies wohl in großer Schwachheit zugehet, und wir noch mit vielen übrigen Sünden behaftet sind: dennoch werden dieselben zugedeckt aus Gnaden um Christi willen.

Gebet um den wahren Glauben

Ach allerliebster himmlischer Vater, ich bitte dich herzlich, regiere mich doch mit deinem Heiligen Geist, und zünde durch denselben den rechten, wahren, lebendigen Glauben an deinen allerliebsten Sohn Jesum Christum in mir an, daß ich denselben möge recht erkennen, und betrachten, wie große Liebe er mir erwiesen, damit ich mit ihm möge vereinigt werden, und aus ihm neue Kraft, neues Leben, neuen Trost, Friede und Freude empfinden, und also durch den Glauben neu geboren werden. So werde ich denn als ein Wiedergeborener immerdar in deinen Geboten einhergehen; laß meine Seele hungern und dürsten nach deiner Gerechtigkeit, die da wirket Liebe, Friede, Freude, Geduld, Trost in allem Kreuz. Ach mein Vater! Laß mich in solcher Erkenntnis und Glauben an meinen allerliebsten Heiland und Seligmacher, Christum Jesum, zugleich wachsen und zunehmen, so will ich dir nicht nur hier danken in der Zeit, sondern auch dort in alle Ewigkeit. Amen.

Gebet um wahre beständige Hoffnung

O Gott, du ewige Wahrheit, der du Glauben hältst ewiglich, an welchem nicht zuschanden werden, die auf dich hoffen! Ich klage und bekenne dir, daß mein verderbtes Fleisch und Blut sehr am Zeitlichen hängt, immer sieht nach leiblichem und zeitlichem Trost, und vergißt oft deine Verheißung, Allmacht und Barmherzigkeit. Ach vergib mir diese schwere Sünde und wende die harte Strafe von mir. Tilge in mir aus alle falsche betrügliche Hoffnung, die wie ein Rauch und dünner Reif verschwindet. Benimm mich aller vergeblichen und unnützen Sorgen. Laß mich von Herzen glauben, daß du für mich sorgest und wachest. Laß meines Herzens Vertrauen und Hoffnung allezeit in dich gerichtet sein, daß dein liebreicher und süßer Einfluß deiner Gnade und Güte in mir nicht verhindert, und meines Herzens Einkehren und Ruhe in dir nicht zerstöret werde. Denn alle Hoffnung und Begierde, die in dir nicht ruhet, muß in ewiger Unruhe bleiben. Laß meine Hoffnung in dir allein, als einem Anker in einem festen Grunde haften und deine Hilfe ungezweifelt erwarten. Laß mein Herz empfinden, daß deine Barmherzigkeit grundlos, deine Güte unendlich, deine Verheißung wahrhaftig sei: daß dadurch meine Hoffnung befestiget werde, daß sie nicht wanke; mein Gebet versichert, daß es gewiß gehört sei; meine Zuversicht versiegelt, daß ich in deinem Schutz und Schirm behütet und sicher sei, wie in einer Festung. Der Grund meiner Hoffnung, o Vater, ist die holdselige Menschwerdung deines lieben Sohnes, und sein heiliges teures Verdienst, seine Auferstehung und Himmelfahrt, dadurch du uns zu einer lebendigen Hoffnung neu geboren, die mich auch gewißlich nicht wird lassen zu Schanden werden. Denn in Christo bin ich allbereit selig, mit ihm und in ihm bin ich allbereit auferstanden und gen Himmel gefahren, und in das himmlische Wesen gesetzt. Darum habe ich in Christo Jesu, meinem Herrn, allbereit das ewige Leben, und warte nur auf die Offenbarung der zukünftigen Herrlichkeit. Darum laß mich, o Gott, in allen Dingen, in allem Tun und Lassen auf dich allein hoffen, daß du mir alles allein seist, was mein Herz wünscht. Laß mich auch in Trübsal über den Verzug deiner Hilfe nicht allzusehr betrübt werden. Denn je länger du verziehest: je herrlicher du hernach hilfest. Lindere mir aber mein Kreuz, auf daß ich nicht zu müde werde, und stärke mich allezeit mit deinem Trost, daß ich mit denen, die auf den Herrn hoffen, neue Kraft bekomme, und nicht falle, sondern ewiglich bleibe, wie der Berg Zion, durch Jesum Christum, unsern Herrn. Amen.

Philipp Jakob Spener

Philipp Jakob *Spener* (1635 — 1705) ist sicher vielen als führender Kopf des deutschen Pietismus bekannt. Seine Reformvorschläge zur Erneuerung der Kirche, die er vor allem in seinen „Pia desideria oder Herzliches Verlangen nach gottgefälliger Besserung der wahren evangelischen Kirchen" (1675) und in seinen „Theologischen Bedenken" (= Gutachten) ausgesprochen hat, gewinnen gerade heute wieder an ungeheurer Aktualität. Warum?

Spener ist in allen seinen theologischen Bemühungen von der Frage geleitet: Wie läßt sich die Predigt für den Hörer unserer Tage aktualisieren? Und wenn er von Predigt redet, setzt er voraus, daß das Wesen des Gottesdienstes in der Verkündigung liegt! Spener findet eine sehr gegenwartsbezogene Antwort auf seine Frage: Das Wort Gottes muß reichlicher unter uns gebracht werden! Weil das bloße Predigen nicht genüge, um die ganze Schrift bekannt zu machen, empfiehlt er verschiedene Ergänzungseinrichtungen zum Predigtgottesdienst:

1. Die „collegia pietatis", was wir wohl mit „Frömmigkeitsversammlung" übersetzen können, und 2. die „ecclesiola in ecclesia", das „Kirchlein in der Kirche". Mit beiden Einrichtungen ist im Sinne Speners noch nicht an separatistische Gemeinschaften außerhalb der bestehenden Volkskirche gedacht, sondern beiden haftet nur ein individueller, man könnte sagen: individualistischer Zug an. Spener hatte in seiner Amtszeit als lutherischer Pfarrer in Frankfurt am Main (1666—1686) selbst erfahren müssen, daß es für den Prediger äußerst schwierig war, die oft unüberschaubare und unzugängliche Großstadtgemeinde als ganze anzureden. Vielmehr suchte er nun in Nebengottesdiensten, Bibelstunden und Privatlektionen kleinen Gruppen den Schriftinhalt auf ihre eigenen, persönlichsten Probleme und Nöte hin auszulegen, und zwar unter einer besonderen Frage: Was sagt mir dieses Schriftwort in meiner konkreten Situation, was bedeutet es für mein christliches

Leben? Auch hier ergeht die Antwort im Sinne Johann Arndts, dessen Erbauungsbücher Spener als Schüler und Student mit Begeisterung gelesen hatte: Die Predigten sollen so eingerichtet werden, daß der Glaube und dessen Früchte bei den Hörern gefördert würden. Das bedeutet also wiederum die Ineinssetzung von Glaube und Leben, Hören und Tun. Zum Glauben gehört die „praxis pietatis", die Übung in der Frömmigkeit, die Praxis in den Liebestaten, die den Glauben in der Welt „glaubwürdig" machen.

Besonderen Nachdruck aber legt Spener auch auf die Frage, wie denn nun der Mensch zu wahrem Glauben und echter, lebendiger Frömmigkeit finden könne. Er gibt eine Antwort, die von den meisten Pietisten nach ihm in gleicher Weise gegeben wird: durch die Wiedergeburt. Zur Erklärung dieses Begriffes hören wir Spener selbst. Die folgende Predigt handelt davon, wie sich die Wiedergeburt im Menschen ereignet, wie der Mensch zu wahrem Glauben finden kann, und wie er sich darin zu bewähren hat.

Die Notwendigkeit der Wiedergeburt

Text: Evangelium Johannes 3, 3: „Jesus antwortete und sprach zu ihm: Wahrlich, wahrlich, ich sage dir: Es sei denn, daß jemand von neuem geboren werde, so kann er das Reich Gottes nicht sehen."

A. Eingang

Wenn eine Lehre unseres Christentums nötig ist, so ist es gewiß die von der Wiedergeburt. Sie ist der Brunnen, aus dem alles, was in unserem Leben Gutes ist, herfließen muß. Wer unter uns diesen Punkt recht versteht, der versteht gewiß sein ganzes Christentum richtig. Wer ihn aber nicht recht versteht, kann unmöglich den Grund der übrigen auch nötigen Stücke genügend einsehen.

Es ist jedoch nicht gut, daß in unseren Kirchen die gewöhnlichen sonntäglichen Evangelien so wenig Gelegenheit geben, vor der versammelten Gemeinde von dieser so wichtigen Lehre zu handeln. Es geschieht dies jährlich fast allein zum Fest der Heiligen Dreifaltigkeit, wo der Text selbst von dieser Sache handelt. Und doch wäre zu wünschen, daß, sooft Anlaß ist, davon gehandelt würde. Weil mir von Amts wegen auch eine Wochenpredigt zukommt, dazu aber kein bestimmter Text verordnet ist, habe ich mir vorgenommen, den Artikel von der Wiedergeburt in mehreren Predigten vorzutragen und jetzt davon den Anfang zu machen. Der treue Vater, der uns einmal wiedergeboren hat nach seiner großen Barmherzigkeit zu einer lebendigen Hoffnung durch die Auferstehung Jesu Christi von den Toten, öffne unser inneres Auge, zu erkennen diese seine teure Wohltat, damit unser ganzes Leben in und aus der Wiedergeburt geführt wird, um Jesu Christi, unseres Bruders und Erlösers willen. Amen.

B. Erklärung der Textworte

Wir betrachten in unserem Text zwei Stücke: Die Gewißheit der Sache und die Sache selbst.

I. Was die Gewißheit der Sache anlangt, so ersehen wir diese erste aus der Autorität dessen, der sie ausspricht: Jesus antwortete und sprach zu Nikodemus. Wir wissen, es ist unser Heiland, der ewige Sohn Gottes, der in des Vaters Schoß ist, der hat es uns verkündigt. Er ist das Herz unseres himmlischen Vaters, der den Weg zur Seligkeit am besten versteht; ja, der selbst der Weg ist. Deswegen dürfen wir seinen Worten ohne Zweifel trauen. Auch ist es wahr, was Nikodemus von ihm bezeugt: Daß er ein Lehrer sei, von Gott gekommen.

Er sprach aber die Worte zu Nikodemus, einem Pharisäer und Obersten unter den Juden, also einem Mitglied des Hohen Rates zu Jerusalem, und also zu einem Mann von hohem Ansehen. Dieser war von Gott seiner Seligkeit wegen bereits kräftig angerührt worden. Deswegen hatte er sich zu dem Herrn Jesus begeben, als zu einem Mann, von dem er hoffte, den Weg Gottes richtig zu erfahren. Er tat dies allerdings bei Nacht, also noch mit ziemlicher Furcht.

Indessen sehen wir in dem Gespräch, daß er damals den Artikel von der Wiedergeburt noch nicht verstanden hatte; obwohl er ein Meister in Israel, also ein Lehrer, war, und obwohl die Sache selbst im Alten Testament bereits geoffenbart war. Das gibt uns den großen Verfall der damaligen jüdischen Kirche zu erkennen. Es war in ihr dieser Hauptartikel so unbekannt geworden, daß auch die vornehmsten Lehrer ihn nicht verstanden. Der Herr lasse es nicht dazu kommen, daß man auch nur an einem einzigen Ort seiner christlichen Kirche dergleichen Klage führen muß.

Es heißt: Der Herr habe geantwortet und gesprochen. Wir lesen aber nicht, daß Nikodemus eine Frage gestellt hat. Doch mag es sein, daß er den Herrn mündlich angesprochen hat, er möge ihm den Weg zeigen, wie er in das Himmelreich zu kommen vermag; denn er predige, das Himmelreich sei gekommen. Oder er hat wenigstens in seinem Herzen eine solche Frage gehabt, und der Herr hat sie in ihm gesehen und darauf geantwortet. Wenn es so gewesen ist, konnte Nikodemus um so mehr davon überzeugt sein, daß Jesus ein göttlicher Lehrer ist, weil er ihm auf seine Gedanken antwortet.

Unser lieber Heiland ist nicht nur des Nikodemus Lehrmeister gewesen, sondern er ist auch noch der unsrige. Was hier zu Nikodemus geredet worden ist, haben wir so anzusehen, daß es uns nicht weniger angeht als ihn ...

2. Die Gewißheit ersehen wir ferner aus der von unserm Heiland dazugesetzten: „Wahrlich, wahrlich, ich sage dir." Der Beteuerung bedürfen besonders solche Dinge, welche dem, zu dem man redet, fremd vorkommen und die man schwer glauben kann. Die Beteuerung soll also den Glauben erleichtern. So beteuert unser Heiland diese Wahrheit von der Wiedergeburt als etwas ganz Gewisses, von dem er aber weiß, daß sie dem Nikodemus fremd und unglaublich erscheint. Dem kommt er zuvor und sagt ihm gleich, er wolle von einer Sache mit ihm reden, welche wichtig sei und die er mit großem Bedacht vortrage. Daher setzte er eine ernstliche Beteuerung dazu. Wenn wir also von der Wiedergeburt handeln, laßt uns versichert sein, daß es eine nötige und wichtige Sache ist, die der Herr mit einer solchen Beteuerung bekräftigt hat. Sie soll uns allezeit in den Ohren schallen.

II. Die Sache selbst anlangend, sehen wir 1. ein gewisses Gut, nach dem wir alles Verlangen tragen sollen; es heißt: das Reich Gottes sehen. Gott hat zwar die Herrschaft über alle Menschen; ja, über alle Kreatur, was wir das Reich der Natur zu nennen pflegen. Es wird aber des Reiches Gottes in der Schrift noch besonders gedacht. Dies ist der Zustand derjenigen, gegen die sich Gott gnädig erweist und die er seine Güter genießen läßt. Es ist aber dieses Reich Gottes zweifach und pflegt in das Reich der Herrlichkeit eingeteilt zu werden.

Das Reich der Herrlichkeit ist der Zustand der lieben Seligen in der Ewigkeit, wo sie Gott aller seiner Herrlichkeit teilhaftig macht. Davon sagt Paulus: Der Herr wird mich erlösen von allem Übel und mir aushelfen zu seinem himmlischen Reich. Da sehen wir also: es ist ein Reich, das nicht in diese Zeit gehört, weil es darauf folgt, wenn wir von allem Übel erlöst und aus diesem Leben versetzt sind.

Was aber das Reich der Gnade anlangt, so ist solches nichts anderes als die wahre Kirche Gottes auf Erden, in der Gott seinen Gläubigen alle seine Gnadengüter erteilt und die als sein Eigentum durch seinen Heiligen Geist regiert. Besonders wird die Kirche des Neuen Testaments mit diesem Namen: Reich Gottes oder Himmelreich benannt. Sowohl Johannes der Täufer als auch Christus selbst und seine Apostel haben gepredigt, das Reich Gottes oder das Himmelreich sei nahe herbeigekommen. Das heißt, der selige Stand des Neuen Testaments gehe an, da Gott seinen Gläubigen die himmlischen Güter in reichlicherem Maß zuteilen wolle als in dem Alten Testament, wo sie der zeitlichen Güter und Verheißungen mehr gehabt haben. Hier mögen wir also das doppelte Reich verstehen: Das Reich der Gnade und den Genuß aller göttlichen Gnadengüter; und nach diesem Gnadenreich das Reich der ewigen Herrlichkeit, in das man nicht anders als durch jenes einzugehen vermag.

Es heißt nun: Das Reich Gottes sehen oder hineinkommen, wie es der Heiland selbst in Vers 5 erklärt. So heißt es auch in Apostelgeschichte 2, 27: „... die Verwesung nicht sehen" und bei Johannes 8, 51: „... den Tod nicht sehen", also nicht erleiden müssen. Wenn wir darnach mit wenig Worten wiedergeben wollen, was es ist, das Reich Gottes sehen, so heißt dies soviel wie: zeitlich und ewig selig werden.

2. Sodann wird das Mittel gezeigt, nämlich die Wiedergeburt. Man muß von neuem geboren werden; dies kann zweierlei heißen; „wiederum", wie es unser lieber Luther wiedergibt: „von neuem", aber auch „von oben her", wie das Wort sonst öfter heißt. So steht z. B. Jakobus 1, 17 dasselbe Wort wie hier: „Alle gute Gabe und alle vollkommene Gabe kommt von oben herab." Wir lassen jedem die Freiheit, die eine der beiden Erklärungen anzunehmen, da alle beide der Wahrheit gemäß sind und nebeneinander bestehen können. Ja, ein Verständnis folgt aus dem andern. Denn wenn wir müssen von neuem geboren werden, so kann dies nicht anders als von oben herab geschehen; denn die neue Geburt muß durch eine Schöpferkraft geschehen, die Gott allein zukommt und die also von oben her geschehen muß. Es soll aber sein eine Geburt, also etwas Wirkliches, daß wahrhaftig etwas wird, was vorher nicht dagewesen ist. Das erinnert uns an verschiedenes.

a) Wie unser Verderben so groß sein muß, daß es nicht genug ist, wenn an uns etwas gebessert wird, sondern wir müssen ganz anders geboren werden. Einer, der krank ist, bedarf nicht, daß er zu einem anderen Menschen geboren wird. Er braucht nur gesund zu werden. Oder wer unwissend ist, bedarf nicht, daß er zu einem anderen Menschen geboren wird. Er braucht nur unterrichtet zu werden. Hier aber muß eine ganz neue Geburt vorgehen. Der Mensch ist so verdorben wie ein Gefäß, an dem kein Flicken mehr hilft, sondern es muß völlig umgeschmolzen werden.

b) Sodann erinnert uns das Wort von der Wiedergeburt daran, daß der Mensch in derselben nichts tut. Wenn ein Kind geboren oder vielmehr, wenn es empfangen wird — ein für allemal ist zu merken, daß die geistliche Wiedergeburt mehr mit der natürlichen innerlichen Empfängnis zu vergleichen ist, als mit der äußeren Geburt —, so tut das Kind nichts; sondern, was mit ihm geschieht, geschieht von Gott, der nach seiner natürlichen Ordnung die Eltern dazu gebraucht. Es kann nichts auch nur gedacht werden, was das Kind dabei täte. So ist es auch in der geistlichen Wiedergeburt. Der Mensch tut nichts, sondern er leidet nur die göttliche Wirkung. Er läßt sie mit sich geschehen.

c) Daraus folgt, daß zwischen einem Wiedergeborenen und Unwiedergeborenen ein sehr großer Unterschied ist; denn jener ist ein ganz anderer Mensch, als er gewesen ist. Obwohl Leib und Seele dem Wesen nach gleich bleiben, so ist dennoch der innere Sinn und das Gemüt völlig anders geworden.

So heißt es von Saul, bei dem nur etwas der Wiedergeburt Ähnliches vorging: „... da wirst du ein anderer Mann werden" und: „... da gab ihm Gott ein anderes Herz." Ausdrücklich aber heißt es von der Wiedergeburt bei Hesekiel: „Ich will euch ein neues Herz und einen neuen Geist in euch geben und will das steinerne Herz aus eurem Fleisch wegnehmen und euch ein fleischernes Herz geben; ich will meinen Geist in euch geben und will solche Leute aus euch machen, die in meinen Geboten wandeln und meine Rechte halten und darnach tun." Diese Worte alle zeigen, daß etwas wirklich Neues kommen muß und daß die Menschen etwas anderes werden müssen.

d) Aus der Empfängnis und Geburt kommt es her, daß einer seiner Eltern Kind und Sohn ist. Also werden wir auch aus der Wiedergeburt eigentlich Gottes Kinder und Söhne. Zwar schöpfungsmäßig ist Gott auch bereits unser Vater laut Maleachi 2, 10: „Haben wir nicht alle einen Vater? Hat uns nicht ein Gott geschaffen?" Aber wie es noch eine nähere Kindschaft Gottes ist, in der allein die Gläubigen Gotteskinder sind und als solche das Erbe haben, so kommt solche Gotteskindschaft allein aus der Wiedergeburt, da der himmlische Vater, der Vater des Lichts, uns gezeugt hat nach seinem Willen durch das Wort der Wahrheit.

e) Weil wir, wie wir gehört haben, von oben herab geboren werden, so muß auch unser neuer Mensch, der in uns geboren wird, nicht irdisch, sondern himmlisch gesinnt sein und nach den himmlischen Dingen, die droben sind, trachten. Kolosser 3, 1. 2: „Seid ihr nun mit Christo auferstanden" — diese Auferstehung ist nichts anderes als die Wiedergeburt —, „so suchet, was droben ist, da Christus ist, sitzend zu der Rechten Gottes. Trachtet nicht nach dem, was auf Erden ist." Dies wird als ein Kennzeichen der Wiedergeburt mit angeführt werden müssen, daß ein Wiedergeborener, weil er von oben her ist, auch nach den Dingen, die droben sind, gesinnt ist. Wie denn ein jegliches sich nach dem streckt, wo es herkommt und wo es seinen Ursprung hat. An alle diese Dinge erinnert uns das bloße Wort der Wiedergeburt.

3. Schließlich wird die Notwendigkeit der Wiedergeburt bewiesen: Es sei denn, daß jemand von neuem geboren werde, so kann er das Reich Gottes nicht sehen. Die Wiedergeburt ist also nicht eine Sache, die zwar gut ist, die aber nicht notwendig wäre; sondern sie ist allerdings notwendig und solches ohne Unterschied der Person. „Es sei denn, daß jemand . . ." heißt es. Es sei, wer und wo er wolle; denn keiner ist von Natur besser als der andere. Es ist hier kein Jude oder Grieche, das heißt: Vor Gott ist kein Unterschied zwischen Juden und Griechen. Denn obwohl Gott in dem Alten Testament mit den Juden einen besonderen Bund gemacht hat, nach dem sie Gottes Volk und Kinder heißen, half ihnen doch solche Würde ihres Geschlechtes nicht dazu, daß sie daraus Gottes Gnadenkinder zur Seligkeit geworden wären, sondern sie waren eben auch Fleisch aus Fleisch geboren. Daher bedürfen sie genauso einer Wiedergeburt, um des Reiches Gottes fähig zu werden, wie die Heiden. Und dieses wird dem Nikodemus und den übrigen Juden an Christus besonders mißfallen haben, daß er auch die Juden wollte wiedergeboren wissen. Denn was die Heiden anlangt, so glaubten sie wohl, daß sie einer Wiedergeburt bedürfen. Wie sie auch die Heiden, die Juden werden wollten, tauften und sagten, sie bekämen alsdann eine neue Seele. Daß aber auch die Juden selbst, die doch von Natur Gottes Volk seien, dergleichen bedürfen sollten, dünkte die guten Leute, es wäre dem Volke und dem göttlichen Bunde zuwider. Und doch war es eine Wahrheit. Auch noch heutzutage bedürfen die Kinder der Frommen wie die der Gottlosen der Wiedergeburt. Denn obwohl Gott verheißen hat, unser und unsrer Kinder Gott zu sein, und die Kinder der Gläubigen vor anderen ein Recht an dem göttlichen Bund ha-

ben und sie deshalb heilig oder geheiligt heißen, so haben sie dennoch die Wiedergeburt nötig, wenn sie Gotteskinder werden sollen. Es ist auch kein Unterschied des Alters: Alte und Junge bedürfen ihrer auf gleiche Weise. Viel weniger ist ein Unterschied zwischen den Ständen: Gott sieht nicht die Person an; sondern wie der geringste Bettler nicht selig werden kann, ohne wiedergeboren und ein anderer Mensch zu werden, als er von Natur ist, so kann ebensowenig der größte König und Staatsmann der Welt Hoffnung haben, in das Reich Gottes zu kommen; es sei denn, daß er wiedergeboren und ganz anders wird. Dies ist die Bedeutung des Wortes „jemand": Er sei, wer er wolle.

Ferner heißt es: er kann nicht. Es heißt nicht: es ist schwer, daß einer ohne die Wiedergeburt selig werde, wie es steht in Matthäus 19, 23: „Ein Reicher wird schwer ins Himmelreich kommen." Es wird den Reichen nicht abgesprochen, aber schwer genug gemacht. Hier aber heißt es, es sei nicht möglich, nämlich nach göttlicher Ordnung, die er nicht brechen kann. Also weil es wider die göttliche Ordnung ist, ist es unmöglich. Es ist ja das Reich Gottes ein geistliches Reich, zu dem demjenigen kein Eingang gestattet werden kann, der nicht geistlich ist. So sehen wir, obwohl Gott reich ist an Barmherzigkeit, daß er dennoch seine Ordnung gehalten haben will und außer derselben nicht gnädig sein will.

C. Lehre

Wir ersehen hieraus, daß unser Christentum eine schwere und eine leichte Sache ist.

1. Eine schwere Sache, weil Christus fordert, daß wir ganz andere Leute werden müssen und sozusagen nicht mit der alten Haut in den Himmel eingehen können. Es muß eine ganz andere Natur bei uns geschaffen sein; alle äußerlichen Änderungen sind hier viel zu wenig.

2. Es ist aber auch eine leichte Sache, weil uns Gott selbst wiedergebären und zu anderen Leuten machen will. Wo nun solches geschehen ist, fließt alles andere aus der Wiedergeburt. Es fließt dann das ganze äußere Leben aus dem inneren, das uns durch

die Wiedergeburt geschenkt ist: Es kommt alles her aus dem Heiligen Geist und dem Glauben, was wir beides durch die Wiedergeburt haben. Es ist auch der Gehorsam, den wir dann unserm himmlischen Vater leisten, nicht ein erzwungener, sondern ein freiwilliger Gehorsam aus der kindlichen Natur, die man durch die Wiedergeburt empfangen hat.

Laßt uns also die Schwierigkeit recht bedenken und nicht meinen, es sei mit dem Christentum nur ein Spiel. Es gehört das rechtschaffene Wesen dazu, das in Christus Jesus ist. Es muß etwas Wirkliches, Wahrhaftiges und Ungeheucheltes bei uns sein. Sonst ist alles Äußerliche vergebens. Christus spricht hier schlechterdings allen die Seligkeit ab, die nicht wiedergeboren werden, das heißt, die solche Leute bleiben, wie wir alle von Natur sind und gewesen sind. Und das trotz des Gnadenbundes des Evangeliums. Wie denn Christus den Nikodemus nicht darüber unterrichtet, was das Gesetz von ihm fordert, sondern darüber, was nach der evangelischen Ordnung von einem gefordert wird, soll er Platz im Himmelreich finden.

„Es fragte einer den Herrn Jesus: Herr, meinst du, daß wenige selig werden?“ Darüber sagt er nicht: So muß man beileibe nicht denken. Es ist eine gar leichte Sache! Sondern er sagt: „Ringet darnach, daß ihr durch die enge Pforte eingeht!“ Da hören wir, es bedürfe eines Ringens und Kämpfens. Also gibt es Feinde, die uns daran hindern wollen. Und die Pforte ist an sich enge, so daß wir sozusagen alle unsere Bündel und schweren Lasten ablegen müssen, wenn wir durchdringen sollen; wie einer, der durch eine enge Tür eindringen will, den Mantel, Rock, Hut und alles von äußeren Kleidern ablegen müßte, damit er sich durchbrächte. So heißt es: „Schaffet, daß ihr selig werdet mit Furcht und Zittern.“ Oder: „Ich sage euch, es sei denn eure Gerechtigkeit besser als die der Schriftgelehrten und Pharisäer“; also, nur wenn lebendiger Glaube da ist, und aus diesem nicht ein äußerlicher, sondern innerer und aus einer neuen Natur kommender Gehorsam vorhanden ist; sonst werdet ihr nicht in das Himmelreich kommen. „Es werden nicht alle, die zu mir sagen: Herr, Herr!“, die sich zu mir bekennen, mich ihren Herrn nennen und mich mit Worten abspeisen wollen, „in das Himmelreich kommen, sondern die den Willen tun meines

Vaters im Himmel", die also aus ihm geboren sind, so daß sie mit ihm gleichgesinnt sind.

Wiederum heißt es: „Fleischlich gesinnt sein ist der Tod. Wo ihr nach dem Fleisch lebt, werdet ihr sterben müssen." Die solches tun, nämlich die Werke des Fleisches üben, die im Galaterbrief aufgezählt werden: Ehebruch, Hurerei, Unreinigkeit, Unzucht, Abgötterei, Zauberei, Feindschaft, Hader, Neid, Zorn, Zank, Zwietracht, Rotten, Haß, Mord, Saufen, Fressen und dergleichen — hier hören wir die Laster, die allgemein regieren —, werden das Reich Gottes nicht erben. Dabei ist zu bemerken, daß alle diese Dinge denen gesagt werden, die sich als Christen bekennen und sich zum Evangelium halten. Wir sehen also, daß dies eine solche Natur von uns fordert, die ganz anders gesinnt ist. Wir müssen uns hüten, daß wir den Weg zum Leben nicht breiter machen, als er ist und Gottes Wort ihn beschreibt. Damit würden wir nur uns selbst und andere betrügen. Es bleibt dabei, wir müssen wiedergeboren und durch den Glauben andere Leute geworden sein, sonst ist alle Hoffnung der Seligkeit lauter Betrug.

D. Ermahnung

Prüfen wir uns also, ob wir wiedergeboren sind. Ich sage nicht, ob wir einmal wiedergeboren gewesen sind; denn das ist noch nicht genug. Entscheidend ist, ob wir es noch sind und also die Wiedergeburt noch an uns haben oder nicht. Die Probe ist nicht schwer. Keiner kann zugleich ein Kind des Teufels und Gottes sein. Wer sich aber nicht des Gehorsams gegen Gott befleißigt, sondern mit Willen Böses tut, der ist ein Kind des Teufels. Er kann nicht zugleich auch ein Kind Gottes sein. Also müssen wir eines erwählen. Aber sehen wir mit allem Ernst zu, daß wir das Rechte und Gute erwählen!

Siehe noch eine Probe der Wiedergeborenen und Unwiedergeborenen: Diese suchen in allen Dingen sich selbst; ihre Ehre, ihren Nutzen, ihre Lust, ihren Willen. Jene suchen, allein ihrem Gott zu gefallen und ihm gehorsam zu sein, und sie ziehen das Geistliche allem andern vor. Hiernach kannst du dich recht prüfen, unter welche Klasse du gehörst. Ach, daß wir in redlicher Prüfung uns alle unter der Zahl der Wiedergeborenen finden möchten oder uns doch bald befleißigen, unter sie zu kommen! Es darf aber nicht in Äußerlichkeiten, sondern muß im Innerlichen gesucht werden.

E. Trost

Der Trost ist, daß uns aus der Wiedergeburt das Christentum leicht wird: 1. Wo wir uns einmal in wahrer Buße verleugnet haben und zur Wiedergeburt und zum lebendigen Glauben gekommen sind, wirkt dieser darnach das übrige von selbst, wie eine gesunde Wurzel von sich selbst die Früchte bringt. Wenn Christus uns befohlen hätte, daß wir uns selbst wiedergebären sollen, so müßte uns bange werden, weil solches über unsere Kräfte geht. Aber Gott will selbst alles in allem wirken. 2. Wo wir aus der Kraft der Wiedergeburt in ein wahrhaftiges christliches Leben getreten sind, daß wir nun nicht mehr für uns, sondern für Gott und Christus leben, werden wir finden, daß ein solches Leben tatsächlich auch glücklicher ist als das eines Weltmenschen, der noch nach dem Fleisch lebt. Die Vernunft begreift dies auch einigermaßen. Wir brauchen nur zu bedenken die Sorgen, die Ängste, den Verdruß, die Furcht und andere Widrigkeiten, mit denen solche armen Weltleute gequält werden; wohingegen das Leben der Kinder Gottes mit ruhigem Geist geführt wird. 3. Obwohl wir auch nach der Wiedergeburt schwache Menschen bleiben, so tröstet uns doch, daß das, was in unserm Christentum von uns gefordert wird, durch die Wiedergeburt möglich wird; denn wenn der Mensch nicht von sich aus nach Gottes Geboten zu leben vermag, so vermögen Christen dies aus der Kraft der Wiedergeburt. So wird Christi Joch sanft und seine Last leicht. Und Gottes Gebote sind nicht mehr schwer für diejenigen, die sie aus Liebe tun. Und was uns eine Zeitlang schwer gewesen ist, wird durch die Übung immer leichter; denn die Kraft des Geistes nimmt zu. 4. Bei dieser Wiedergeburt sind der alte Mensch und die fleischliche Natur zwar geschwächt worden, aber noch übriggeblieben; sie machen daher dem neuen Menschen die Sache schwer, weil die Sünde uns immer anklebt und träge macht. Es ist rechtschaffener Christen größtes Kreuz, daß sie mit Paulus sprechen: „Ich elender Mensch! Wer wird mich erlösen von dem Leibe dieses Todes?"

Aber es wird noch zu einer anderen Wiedergeburt kommen, die eine Wiedergeburt ist zu jener seligen Ewigkeit, da das Fleisch und das alte Wesen ganz abgelegt wird und alles in Ewigkeit vollkommen neu wird. Dann werden die Gebrechen der jetzigen Wiedergeburt völlig getilgt werden.

F. Gebet

Herr Gott, liebster Vater, dir sei Dank für die Gnade, dadurch du uns wiedergebierst ... Lehre uns die Hoheit und Kraft dieser Wohltat so erkennen, daß wir für das Empfangene gebührend danken und uns nach der vorgeschriebenen Regel prüfen. Die ihre Wiedergeburt verstoßen haben und wieder in das alte Wesen verfallen sind, bekehre und gebäre sie nochmals zu dem rechtschaffenen Wesen in deinem Sohn. Wo aber dieses — wenn auch schwach — noch übrig ist, da erhalte und stärke es und vollführe es auf den Tag Jesu Christi. Ach, wann wird's geschehen, daß nicht Altes mehr, sondern lauter Neues sich an uns finden wird! Nun, Herr, du wirst es tun, wie du verheißen hast. So vollführe dein Werk an uns bis in die Ewigkeit durch Jesus Christus, dem mit dir und dem Heiligen Geist Lob und Preis bleibe in Ewigkeit. Amen.

Speners Reformprogramm

... Ich habe meine einfältigen *Vorschläge der Besserung* zu fernerer Überlegung vorgestellt, nämlich

1. daß das *Wort Gottes reichlicher* unter uns gebracht werden sollte: indem mit den Predigten allein nicht alles ausgerichtet werden könne, daher auch noch erfordert werde *fleißige Lesung* der *Schrift*, welche allen Christen zu recommendieren (d. h. zu empfehlen) ist; wie auch Veranstaltungen gewünscht worden sind, daß die Schrift nacheinander (d. h. ein Abschnitt nach dem anderen) öffentlich vorgelesen würde. Dabei geschah nun der Vorschlag einer Übung, daß über die Hl. Schrift unter dem *directorio* (d. h. unter der Leitung) eines Predigers gottselige

Christen sich unterreden und nach apostolischer Einsetzung 1. Korinther 14 sich erbauen möchten, davon nicht weniger zu hoffen wäre.

2. Habe ich angewiesen die Aufrichtung und fleißige *Übung* des geistlichen Priestertums, welche eigentlich aus Staatsräson (d. h. aus Gründen staatlichen Denkens) unter dem Papsttum fast ganz verborgen gehalten, aber dann von unserm treuen *Luther* bei der Reformation den Christen aus der Hl. Schrift gezeigt worden ist ...

3. Das dritte Mittel sollte sein, daß den Christen, ob sie wohl allein aus dem Glauben gerecht und selig werden müssen, stets eingebildet (d. h. eingeprägt) werden solle, daß ihr Christentum *nicht in dem Wissen, sondern in der praxi* (d. h. in der Tat) bestehe, sonderlich wie die Liebe das rechte Kennzeichen der Christen sei ...

4. Sind *Vorschläge* geschehen, wie man sich in *Religions-Streitigkeiten* zu verhalten habe, nämlich, daß man für die Irrenden herzlich bete, ihnen gutes Exempel gebe, ihren Irrtum ihnen nachdrücklich remonstriere (vor Augen stelle), aber auch herzliche Liebe gegen sie erweise ...

5. Weil zur Besserung der Kirchen vornehmlich nötig sei, daß der *Lehrstand* besser bestellt werde, so ist als ein Hauptmittel angeregt worden, daß man darauf bedacht sein müsse, wie auf den *Universitäten* die Prediger besser erzogen werden könnten. Dazu ist es nötig, daß sowohl die Professoren mit gutem Exempel vorangehen, als den Studenten eingeschärft werde, daß nicht weniger an gottseligem Leben, als an Fleiß und Studieren gelegen sei ... Ferner habe ich erinnert, daß auch einige Übungen auf den Akademien anzustellen seien, damit man neben der Theorie zur Praxis komme, auch den Vorschlag eines *Collegii pietatis* (Übungen zur Frömmigkeit) gemacht, welches unter der Aufsicht eines gottseligen Lehrers mit recht gesinnten Studenten angestellt werden könnte.

Endlich

6. weil unsere neueste Erbauung in den *Predigten* gesucht wird,

so ist davon gehandelt worden, daß doch dieselben auch möchten recht *erbaulich* angestellt, sonderlich aber alles vornehmlich auf den *inneren Menschen* und den in demselben geschehenden *innerlichen Gottesdienst* eingerichtet werden . . .

August Hermann Francke

In August Hermann *Francke* (1663—1727) erkennen wir einen besonders entschiedenen und hervorragenden Vertreter des Pietismus. Es ist in der Tat nicht zuviel gesagt, wenn man ihn als „Zeugen des lebendigen Gottes" bezeichnet und ihn unter die großen „Helfer der Menschheit" (Beyreuther) einreiht. Wie ist das zu verstehen?

Francke hatte in jungen Jahren bei der Vorbereitung einer Predigt an sich selbst schmerzlich erfahren müssen, daß alles Reden von Gott leer und sinnlos bleiben muß, wenn der Mensch nicht vorher zu wahrem, festem Glauben gefunden hat. Ein Reden von Gott kann nur ein Reden aus ernstem Glauben sein. Nach welchen inneren Anfechtungen Francke persönlich zu solchem Glauben gefunden hat, schildert er in seinem „Bekehrungserlebnis". (Auszüge aus diesem Text sind hier im Anschluß zu lesen.)

Das bedeutet mit anderen Worten: Nur ein solcher Mensch kann zu Gott finden und weiß sich in ihm geborgen, der sein äußeres, sündiges Leben hinter sich läßt und sich zum neuen, in Christus verheißenen Leben bekehrt. Und Francke hat — wie ebenso viele Bekehrte nach ihm — erfahren, daß Gott selbst die Gnade des neuen Lebens schenkt. Der Mensch, der mit Ernst Christ sein will, der sich aufrichtig und von innerem Herzen zu Gott bekehren will, wird von Gott nicht allein gelassen. Von diesem lebendigen Gott gibt Francke Zeugnis!

Und ein zweiter wichtiger Aspekt im Theologie- und Frömmigkeitsverständnis Franckes muß hier hervorgehoben werden. Francke hat erkannt, daß Theologie und Pädagogik, Glaube und Erziehung, sehr eng aufeinander bezogen sind. Denn beide sind streng anthropologisch, das heißt „auf den Menschen bezogen", ausgerichtet. Erziehung wird in seinem Sinne im wesentlichen als Brechung des eigenen, egoistischen Willens verstanden, wie er andererseits den Glauben als Heldenkraft versteht, mit deren Hilfe der Mensch über sich selbst zum Sieger wird, seinem alten Ich absagt, um ganz in Gott gegründet sein zu können. Man wird durchaus dem Verständnis Franckes gerecht, wenn man sagt: Frömmigkeit will den Menschen zur Selbstüberwindung führen! Das heißt: Nicht mehr das Ich, der alte Mensch, sondern Gott selbst regiert in einem „frommen" Leben.

Einen sichtbaren Ausdruck hat Franckes theologisch-pädagogisches Bemühen in den bekannten „Halleschen Stiftungen" gefunden, in deren verschiedenen Schulen und Waisenhäusern zuletzt über zweitausend Schüler unterrichtet wurden und viele Waisenkinder ein geborgenes Zuhause fanden. Und schon die Bauten selbst, über deren Entstehen Francke später einen eindrucksvollen Bericht in den „Fußtapfen des noch lebenden und waltenden liebreichen und getreuen Gottes" gegeben hat, sind im festen Vertrauen auf Gottes gnädige Hilfe und Fürsorge errichtet worden, die immer zur rechten Zeit in „handgreiflicher Nähe" offenbar geworden sind.

Anfang und Fortgang seiner Bekehrung

Dahin reisete ich also um Mich. 1687, und zwar mit desto größerer Freudigkeit, weil ich hoffete, durch solchen Weg mich meines Haupt-Zwecks, nämlich ein rechtschaffener Christ zu werden, völliger zu versichern. Hier waren nun die äußerlichen Hindernisse vom lieben Gott gleichsam auf einmal weggenommen. Ich hatte mein Stübchen allein, darinnen ich nicht verunruhiget oder von jemanden in guten Gedanken gestöret ward, dazu speisete ich bei christlichen und gottseligen Leuten. Ich war kaum hingekommen, so ward ich um eine Predigt in der Johannis-Kirche daselbst abzuhalten angesprochen und zwar eine geraume Zeit vorher, ehe die Predigt sollte abgelegt werden. Nur war doch bereits mein Gemüt in solchem Stande, daß ich nicht die bloße Übung im Predigen, sondern fürnehmlich die Erbauung der Zuhörer abzielete. Indem ich nun darauf bedacht war, geriet ich über den Text: „Dieses ist geschrieben, daß ihr gläubet, Jesus sei Christ, und daß ihr durch den Glauben das Leben habet in seinem Namen" (Joh. 20, 31).

Bei diesem Text gedachte ich sonderlich Gelegenheit zu nehmen, von einem wahren lebendigen Glauben zu handeln, und wie solcher von einem bloßen menschlichen und eingebildeten Wahnglauben unterschieden sei. Indem ich nun mit allem Ernst hierauf bedacht war, kam mir zu Gemüt, daß ich selbst einen solchen Glauben, wie ich ihn erfordern würde in der Predigt, bei mir nicht fände. Ich kam also von der Meditation der Predigt ab und fand genug mit mir selbst zu tun. Denn solches, nämlich, daß ich noch keinen wahren Glauben hätte, kam mir immer tiefer zu Herzen. Ich wollte mich hier und damit aufrichten und gleichsam die traurigen Gedanken damit verjagen, aber es wollte nichts hinlänglich sein. Ich war bishero nur gewohnet, meine Vernunft mit guten Gründen zu überzeugen, weil ich im Herzen von dem neuen Wesen des Geistes wenig erfahren hatte. Darum meinte ich mir nun auch durch solchen Weg zu helfen, aber je mehr ich mir helfen wollte, je tiefer stürzte ich mich in Unruhe und Zweifel. Ich nahm zur Hand Hrn. Joh. Musäi collegium systematicum M. S., welches ich mir bisher für andern bekannt gemacht hatte, aber ich mußte es wieder weglegen und fand nicht, woran ich mich hätte halten mögen. Ich meinte, an die Hl. Schrift würde ich mich doch halten, aber bald kam mir in den Sinn, wer weiß, ob auch die Hl. Schrift Gottes Wort ist, die Türken geben ihren Alkoran und die Juden ihren Talmud auch dafür aus, wer will nun sagen, wer recht habe. Solches nahm immer mehr die Überhand, bis ich endlich von dem allen, was ich mein Leben lang, insonderheit aber in der über acht Jahr getriebenen studio theologio von Gott und seinem geoffenbarten Wesen und Willen gelernet, nicht das geringste mehr übrig war, das ich von Herzen geglaubet hätte. Denn ich glaube auch keinen Gott im Himmel mehr, und damit war alles aus, daß ich mich weder an Gottes noch an Menschen-Wort mehr halten konnte, und ich fand auch damals in einem so wenig Kraft als in dem andern. Es war nicht etwa bei mir eine solche Ruchlosigkeit, daß ich aus weltlich gesinntem Herzen die Wahrheit Gottes in den Wind geschlagen hätte. Wie gerne hätte ich alles geglaubet, aber ich konnte nicht. Ich suchte auf diese und jene Weise mir selbst zu helfen, aber es reichte nichts hin. Inzwischen ließ sich Gott meinem Gewissen nicht unbezeuget. Denn bei solcher wirklichen

Verleugnung Gottes, welche in meinem Herzen war, kam mir dennoch mein ganzes bisheriges Leben vor Augen, als einem, der auf einem hohen Turm die ganze Stadt übersiehet. Erstlich konnte ich gleichsam die Sünden zählen, aber bald öffnete sich auch die Hauptquelle, nämlich der Unglaube oder bloße Wahnglaube, damit ich mich selbst so lange betrogen. Und da ward mir mein ganzes Leben und alles, was ich getan, geredet und gedacht hatte, als Sünde und ein großer Greuel für Gott fürgestellet. Das Herz war hart geängstiget, daß es den zum Feinde hatte, welchen es doch verleugnete und nicht glauben konnte. Dieser Jammer preßte mir viel Tränen aus den Augen, dazu ich sonst nicht geneiget bin. Bald saß ich an einem Orte und weinte, bald ging ich in großem Unmut hin und wieder, bald fiel ich nieder auf meine Knie und rief den an, den ich doch nicht kannte. Doch sagte ich, wenn ein Gott wahrhaftig wäre, so möchte er sich mein erbarmen. Und solches trieb ich oft und vielfältig. Wenn ich bei Leuten war, verstellete ich mein inneres Elend, so gut ich immer konnte. Einstmals, da ich abgespeiset hatte, verlangete ich zu einem in der Nähe wohnenden Superintendenten mit meinem Tischwirt zu gehen, welcher es auch einwilligte. Ich nahm inzwischen vor dem Tisch stehend das griechische Neue Testament in die Hand, darinnen zu lesen. Als ichs aufschlug, sagte mein Tischwirt: *„Ja, wir haben wohl hieran einen großen Schatz."* Ich sah mich um und fragte ihn, ob er sehe, was ich aufgeschlagen hätte. Er sagte nein. So sagte ich, sehe er die Antwort: *„... wir haben aber den Schatz in irdischen Gefäßen ..."* (2. Kor. 4). Solche Worte mir gleich, als er solches gesaget, ins Gesicht fielen. Dies ging mir zwar ein wenig zu Herzen, und gedachte, daß es wohl nicht ungefähr also kommen möchte, es schien auch gleichsam ein verborgener Trost dadurch sich in mein Herz zu senken, aber mein atheistischer Sinn brauchte bald die verdorbene Vernunft zu seinem Werkzeuge mir die Kraft des göttlichen Worts wieder aus dem Herzen reißen. Ich setzte nebst meinem Tischwirte den fürgenommenen Weg fort, trafen auch erwähnten Superintendenten zu Hause an, welcher uns in die Stube führete und uns niedersitzen ließ. Kaum hatten wir uns niedergesetzt, fing erwähnter Herr Superintendent an zu discourieren, woraus der Mensch erkennen sollte, ob er Glauben habe oder nicht? Über solche Frage ward unterschiedliches unter ihnen geredet, so wohl einen Gläubigen hätte stärken mögen. Ich saß aber dabei, verwunderte mich anfänglich, und gedachte, ob sie auch von ungefähr auf einen solchen mir höchst nötigen Discours kommen könnten, da doch keiner von meinem Zustande, wie auch sonst kein Mensch in der ganzen Welt, das geringste wußte. Ich hörte ihnen auch fleißig zu, aber mein Herz wollte sich dadurch nicht stillen, sondern ich ward vielmehr dadurch überzeuget, daß ich keinen Glauben hätte, weil ich gerade das Gegenteil von denen Kennzeichen des Glaubens, so sie aus dem Grunde der Schrift anführten, an mir erkannte. Da wir Abschied genommen hatten, und ich mit meinem Herrn Tischwirt wieder zurück in die Stadt ging, offenbarte ich demselben mein Herz, sagend: wenn er wüßte, in welchem Zustande ich wäre, würde er sich wundern, wie sie eben auf einen solchen Discours kommen wären. Und da er fragte: in welchem? antwortete ich: Ich hätte keinen Glauben. Er erschrak dessen, und suchte alles herfür mich aufzurichten. Ich legte mich dagegen mit meiner Vernunft, und sagte endlich zum Beschluß: was er angeführt, möchte ihn wohl stärken, aber mir könnte es nicht helfen. Nun hätte ich auch wünschen mögen, da ichs bei mir behalten hätte. Inzwischen fuhr ich in meinem vorigen Tun fort, und hielte an mit fleißigem Gebet auch in der größten Verleugnung meines eigenen Herzens. Folgenden Tages, welches war an einem Sonntage, gedachte ich mich gleich also in voriger Unruhe zu Bette zu legen, war auch drauf bedacht, daß ich, wenn keine Änderung sich ereignete, die Predigt wieder absagen wollte, weil ich im Unglauben und wider mein Herz nicht predigen, und die Leute also betrügen könnte. Ich weiß auch nicht, ob es mir würde möglich gewesen sein. Denn ich fühlte es gar zu hart, was es sei, keinen Gott zu haben, an den sich das Herz halten könnte; seine Sünden beweinen, und nicht wissen warum, oder wer der sei, den man damit erzürnet habe; sein Elend und großen Jammer täglich sehen, und doch keinen Heiland und keine Zuflucht wissen oder kennen. In solcher großen Angst legte ich mich nochmals am erwähnten Sonntag abend nieder auf meine Knie, und rief an den Gott, den ich noch nicht kannte, noch glaubte, um Rettung aus solchem elenden Zustande, wenn anders wahrhaftig ein Gott wäre. Da erhörte mich der Herr, der lebendige Gott von seinem hl. Thron, da ich noch auf meinen Knien lag. So groß war seine Vaterliebe, daß er mir nicht nach und nach solchen Zweifel und Unruhe des Herzens wieder benehmen wollte, daran mir wohl hätte genügen können, sondern damit ich desto mehr überzeuget würde, und meiner verirrten Vernunft ein Zaum angelegt würde, gegen seine Kraft und Treue nichts einzuwenden, so erhörte er mich plötzlich. Denn wie man eine Hand umwendet, so war all mein Zweifel hinweg, ich war versichert in meinem Herzen der Gnade Gottes in Christo Jesu, ich konnte Gott nicht allein Gott, sondern meinen Vater nennen, alle Traurigkeit und Unruhe des Herzens ward auf einmal weggenommen, hingegen ward ich als mit einem Strom der Freuden plötzlich überschüttet, daß ich aus vollem Mut Gott lobte und preisete, der mir solche Gnade erzeiget hatte. Ich stand gar anders gesinnet wieder auf, als ich mich niedergeleget hatte. Denn mit großem Kummer und Zweifel hatte ich meine Knie gebogen, aber mit unaussprechlicher Freude und großer Gewißheit stand ich wieder auf. Da ich mich niederlegte, glaubte ich nicht, daß ein Gott wäre, da ich aufstand, hätte ichs wohl ohne Furcht und Zweifel mit Vergießung meines Blutes bekräftigt. Ich begab mich darauf zu Bette, aber ich konnte für großen Freuden nicht schlafen, und wenn sich etwa die Augen ein wenig geschlossen, erwachte ich bald wieder, und fing aufs neue an den lebendigen Gott, der sich meiner Seele zu erkennen gegeben, zu loben und zu preisen. Denn es war mir, als hätte ich in meinem ganzen Leben gleichsam in einem tiefen Schlaf gelegen, und als wenn ich alles nur im Traum getan hätte, und wäre nun erstlich davon aufgewachet. Es durfte mir niemand sagen, was zwischen dem natürlichen Leben eines natürlichen Menschen und zwischen dem Leben, das aus Gott ist, für ein Unterschied sei. Denn mir war zumute, als wenn ich tot gewesen wäre, und siehe, ich war lebendig geworden. Ich konnte mich nicht die Nacht in meinem Bette halten, sondern sprang für Freuden heraus und lobte den Herrn meinen Gott. Ja es war mir viel zu wenig, daß ich Gott loben sollte, ich wünschte, daß alles mit mir den Namen des Herrn loben möchte. Ihr Engel im Himmel, rief ich, lobet mit mir den Namen des Herrn, der mir solche Barmherzigkeit erzeiget hat. Meine Vernunft stand nun gleichsam von ferne, der Sieg war ihr aus den Händen gerissen, denn die Kraft Gottes hatte sie dem Glauben untertänig gemacht. Doch gab sie mir zuweilen in den Sinn, sollte es auch mal natürlich sein können, sollte man nicht auch von Natur solche Freude empfinden können; aber ich war gleich dagegen ganz und gar überzeuget, daß alle Welt mit aller ihrer Lust und Herrlichkeit solche Süßigkeit im menschlichen Herzen nicht erwecken könnte, als diese war, und sah wohl im Glauben, daß nach solchem Vorschmack der Gnade und Güte Gottes die Welt mit ihren Reizungen zu einer weltlichen Lust wenig mehr bei mir ausrichten würde. Denn die Ströme des lebendigen Wassers waren mir nun allzu lieb geworden, daß ich leicht vergessen konnte der stinkenden Mistpfützen der Welt. O wie angenehm war mir diese erste Milch, damit Gott seine schwachen Kinder speiset!

Einfältiger (= einfacher) Unterricht, wie man die Heilige Schrift zu seiner wahren Erbauung lesen solle

Wenn ein Einfältiger, zu seiner Erbauung in Gott, die Heilige Schrift Altes und Neuen Testaments lesen will, so muß er

1. Sich mit allem Fleiß davor hüten, daß er nicht etwa einen heimlichen falschen Grund in seinem Herzen habe, oder irgend einen unrechten Zweck, warum er die Heilige Schrift lese. Denn die Schriftgelehrten und Pharisäer lasen auch die Hl. Schrift, und waren doch dadurch nichts gebessert. Sie meinten das ewige Leben darinnen zu haben, aber zu Christo wollten sie nicht kommen, daß sie das Leben haben möchten (Joh. 5, 39. 40). Ein falscher Grund aber und unrechter Zweck ist es, wenn man die Heilige Schrift lieset, entweder zum bloßen Zeitvertreib, und weil hier und da einige Historien darinnen sind, daran sich auch ein natürliches Gemüt einigermaßen ergötzet. Oder wenn man das Lesen der Heiligen Schrift als ein bloßes äußerliches Werk treibet, gleichsam voraussetzt, daß man schon gar fest in seinem Christentum stehe, und als zum Überfluß diese Gewohnheit frühe und abends hält, ein und ander Kapitel zu lesen, und meinet dann, man habe dadurch dem lieben Gott ein sonderlich gutes Werk dargeleget, wie also viele Menschen

sich damit trösten, daß sie fleißig Gottes Wort lesen, deren Sinn und ganzes Leben mit dem Worte Gottes doch im geringsten nicht übereinstimmet. Oder wenn man nur zu dem Ende die Hl. Schrift vor sich nimmt, daß man schriftgelehrt werde, und vieles Wissen erlange, darunter sich dann Eigenliebe, Ehrsucht und allerlei andere pharisäische Laster zu verbergen pflegen. Und dieses ist heutzutage vieler Gelehrten Zweck, welche dann der Schrift Meister sein wollen, und wissen nicht, was sie sagen, oder was sie setzen (1.Tim. 1, 17). Ja auch durchaus ist dieses die verkehrte Art der Menschen, daß sie sich in der Hl. Schrift mehr auf unnütze Fragen oder hohe Geheimnisse befleißigen, als erst einen rechten Grund in der Buße und im Glauben zu legen. Wo einer nun diese oder sonst dergleichen falsche Absichten in seinem Herzen hat, warum er die Hl. Schrift lieset, der kann mit aller seiner Schrift-Gelehrsamkeit in den Grund der Höllen verdammet werden, wenn er gleich die ganze Schrift auswendig lernte. So bringe dann ein Einfältiger

2. Zur Lesung der Hl. Schrift ein recht einfältiges Herz, das ist ein aufrichtiges und ungeheucheltes Verlangen, daß er durch die Hl. Schrift möge unterwiesen werden zu seiner Seligkeit, durch den Glauben an Christum Jesum (2.Tim. 3, 15) und daß er also glauben und leben möge, wie es ihm in Lesung der Hl. Schrift von Gott selbst vorgehalten wird. In Summa: wenn du die Hl. Schrift zu lesen vornimmst, muß das allein dein aufrichtiger Zweck sein, daß du ein gläubiger und frommer Christ werden möchtest, nicht nach dem Schein, sondern in der wahren Kraft, daß du dich versichern könnest, du gefallest hier dem lieben Gott wohl, und werdest dort seiner mit ewiger Freude genießen.

3. Da muß nun das Gebet das erste sein, und kann ein Einfältiger auf diese oder dergleichen Art und Weise, ehe er in der Bibel liest, Gott anreden, nicht mit dem Mund allein, sondern mit recht andächtigem Herzen: Du ewiger und lebendiger Gott, wie können wir dir genugsam danken, daß du uns deinen heiligen Willen in deinem Wort so gnädig geoffenbart hast, daß wir daraus lernen können, wie wir gläubig, fromm und selig werden sollen! So gib mir nun deinen Hl. Geist, daß

er mir meine Augen öffne, zu sehen die Wunder in deinem Gesetz; daß er durch dein Wort den Glauben in meinem Herzen wirke und vermehre, und meinen Willen kräftiglich lenke, daß ich mich freue über deine Zeugnisse, und von Herzen an dich glaube und dein Wort halte.

4. Billig ist es auch, daß das Lesen der Hl. Schrift mit lauter Gebet und Seufzen, wie auch mit Lob und Dank Gottes verrichtet werde. Denn dieses ist die einfältigste Art, daß man allezeit seine gute Erbauung dabei habe.

Z. E. im 1. Buch Mose 1, 1: Im Anfang schuf Gott Himmel und Erden. O du ewiger Gott, ich danke dir, daß du mich durch dein Wort lehrest, woher Himmel und Erden ihren Ursprung haben. Oder: Ach lieber Vater in dem Himmel, wenn ich meine Augen aufrichte zu dem Himmel, und nieder sehe zu der Erden, so führe doch mir dieses dein göttliches Wort zu Gemüte, daß ich dich als den Schöpfer Himmels und der Erde ehren und anbeten solle. Oder: Ach lieber GOTT! hast du Himmel und Erden erschaffen, so bist du ja besser und herrlicher als Himmel und Erden. Darum, wenn ich nur dich habe, so frage ich nichts nach Himmel und Erden. Oder: O Gott, du bist ja wohl Vater über alles, was da Kinder heißt, im Himmel und auf Erden, der du Himmel und Erden erschaffen hast. Ach lehre mich doch allezeit recht bedenken, was auch mein sterblicher Leib, das Stücklein Erde, für einen großen Baumeister und Schöpfer habe. Oder: Ach lieber Vater in dem Himmel, wie kann ich doch nun ferner sorgen um meine leibliche Erhaltung, weil ich dich zum Vater anrufe, der du Himmel und Erden erschaffen hast etc.

Also mag man bei einem jeglichen Vers in der Bibel stille stehen, und wie Luther redet, gleichsam an ein jegliches Sträuchlein klopfen, ob auch einige Beerlein herunter fallen wollen. Dünkets einem im Anfange etwas schwer zu sein, und will nicht sogleich das Gebet fließen, so mag man wohl weiter gehen, und es gleichsam an einem andern Sträuchlein versuchen. Wenn die Seele nur fein hungrig ist, so wird sie der Geist Gottes nicht ungesättigt lassen, ja es wird sich endlich finden, daß der Mensch an einem einzigen kleinen Verslein so viel lebendiger Früchte ersehen wird, daß er sich auch bei demselben wird aufhalten und niederlassen, als bei einem mit Früchten ganz beladenen Bäumlein. Wer aber im Anfang davor erschrickt und denkt, es sei ihm gar zu schwer, er könne die Heilige Schrift nicht also lesen, der ist selbst schuld daran, daß er in seinem ganzen Leben keine rechte Lust und Freude an der Heiligen Schrift gewinnt.

5. Dem Gebet muß die Betrachtung die Hand bieten, daß man bei einem jeglichen ein wenig stille stehe, und alles fein in seinem Herzen erwäge. Gar fein spricht Luther über das Evangelium am Christ-Tage in seiner Kirchen-Postille: Das Evangelium ist so klar, daß es nicht viel Auslegens bedarf, sondern es will nur wohl betrachtet, angesehen und tief zu Herzen genommen sein. Und wird niemand mehr Nutz davon bringen, denn die ihr Herz stille halten, alle Ding ausschlagen, und mit Fleiß dreinsehen, gleich wie die Sonne in einem stillen Wasser gar eben sich sehen läßt und kräftig wärmet, die im rauschenden und laufenden Wasser nicht also gesehen werden mag, auch nicht also wärmen kann. Darum, willst du allhier auch erleuchtet werden, göttliche Gnade und Wunder sehen, daß dein Herz entbrannt, erleuchtet, andächtig und fröhlich werde, so gehe hin, da du stille bist und das Bild dir tief ins Herze fassest, da wirst du finden Wunder über Wunder. Dieses ist nun bei der ganzen Heiligen Schrift und deren Lesung in acht zu nehmen. Wo man über ein Kapitel hinrauscht, danach die Bibel zuschlägt, und was man gelesen hat, bald aus den Gedanken fahren läßt, so ist es kein Wunder, daß man die Bibel wohl oft durchlese und doch nicht frömmer und andächtiger danach werde. Das Gebet und die Betrachtung müssen einander stets die Hand bieten. Wenn es mit der Betrachtung nicht fort will, mußt du beten; und wenn das Gebet nicht fließen will, mußt du die Worte ein wenig betrachten. Aus dem Gebet wird die Betrachtung entspringen und vermehrt werden; und durch die Betrachtung wirst du zum Gebet erweckt werden. Kein Mensch, spricht Bernhard, kommt plötzlich oben an. Durch Aufsteigen und nicht durch Fliegen erreicht man die oberste Sprosse an der Leiter. Darum laßt uns hinaufsteigen als wie mit zwei Füßen, nämlich durch die Betrachtung und

durch das Gebet. Denn die Betrachtung lehrt und zeigt uns, was uns mangelt, das Gebet aber erhält und erlangt uns bei Gott dem Herrn so viel, daß uns nichts mangele oder fehle. Die Betrachtung zeigt uns den rechten Weg, das Gebet aber führt uns denselbigen Weg. Und an einem andern Ort spricht er: Durchs Gebet wird die Betrachtung erleuchtet, und in der Betrachtung wird das Gebet inbrünstig. Es ist ein süßes, liebliches Gespräch und eine selige Unterredung, wo nämlich das Gebet und die Betrachtung zusammen kommen, also daß eines das andere regieret. Und abermals: Das Gebet ohne Betrachtung ist kalt und faul Ding. Die Betrachtung ohne das Gebet ist unfruchtbar und durchaus nichts nütze. Wer diese Erinnerungen des frommen Bernhard in Lesung der Heiligen Schrift wohl in acht zu nehmen weiß, der wird niemals ohne großen Nutzen die Heilige Schrift lesen. Z. E. im 1. Buch Mose 1, 2: Und die Erde war wüste und leer, und es war finster auf der Tiefe und der Geist Gottes schwebte auf dem Wasser. Betrachtung: Wie hat doch der wunderbare Gott von Anfang so gar einerlei Wege gehalten, daß er seine Herrlichkeit darinnen am meisten beweiset, daß er aus nichts etwas, aus dem Wüsten und Ungestalten etwas Schönes und Wohlgestaltetes, aus dem Elenden etwas Großes und Erhabenes macht. So muß es zum Preise seines heiligen Namens gereichen, daß die Erde wüst und leer war, ehe sie von ihm gebildet, schön und fruchtbar gemacht worden.

Gebet. Ach lieber Vater, ich nehme mir dieses zu einem Trost, wenn ich mein Elend und verderbtes Wesen ansehe. Laß mich nur mein eigenes natürliches Verderben recht erkennen. Ich weiß, du wirst dich denn auch über mich erbarmen, und Christum lassen eine Gestalt in mir gewinnen, daß ich wohlgestalt vor deinem Angesicht erscheine. Die Buß-Tränen will ich gerne über meine Sünde vergießen. Laß du nur deinen Geist auch auf solchen Wassern schweben. Bei solcher Betrachtung muß nun die Prüfung unserer selbst nie unterlassen werden, damit wir aus dem göttlichen Wort das Verderben unseres Herzens recht erkennen lernen, und unser ganzes Herz nach dem Fürbilde der heilsamen Lehre geartet werde.

6. Wie nun die Lesung der Heiligen Schrift mit dem Gebet muß

angefangen und in stetigem Gebet verrichtet werden, also muß man sie auch damit beschließen. So mag man dann, wenn man aufhört zu lesen, auf diese oder dergleichen Art Gott anreden: O du getreuer, himmlischer Vater, Lob, Ehr, Preis und Dank sei dir demütiglich gesagt für diese große Gnade, daß du mich mit dem edlen Manna deines göttlichen Worts an meiner Seele gelabet, gestärket und erquicket hast! Schreibe es nun alles, was ich gelesen, mit dem göttlichen Finger deines Heiligen Geistes in mein Herz und versiegle es mit demselbigen, damit es der Satan nicht wieder von meinem Herzen raube, sondern daß ich solches in einem feinen und guten Herzen bewahre, und mich dessen dort ewiglich vor deinem Angesicht erfreue. Amen. Auch kann man sich gewöhnen, dasjenige, was man gelesen, zum Beschluß in ein Gebet zu fassen, und es also Gott dem Herrn vorzutragen.

7. Gott, der getreu ist, wird dann einem solchen andächtigen Bibel-Leser es nicht fehlen lassen an innerlichem und äußerlichem Kreuz und Leiden und allerlei Anfechtungen, als welche ein teures Pfand sind seiner Liebe, dadurch wir seinem eingeborenen Sohne allhier ähnlich werden. Und dieses, nämlich das liebe Kreuz, ist nun ein recht kräftiges Mittel, die Heilige Schrift zu verstehen, ja vielmehr zu schmecken und zu empfinden. Das Gebet, die Betrachtung und die Anfechtung sind die drei Stücke, welche einen rechten gottesgelehrten Mann machen. So bald dir etwas Widriges begegnet, es sei innerlich oder äußerlich, so denke, daß der Praeceptor da sei und wolle dich examinieren, was du aus der Heiligen Schrift gelernt hast, so siehe dich denn flugs nach einem Sprüchlein um, das sich auf deine Not und Anliegen schicket. Findest du keins, so nimm, wenn die Gelegenheit da ist, gleich die Bibel zur Hand und lies einen Psalm, oder wozu dich sonst deine Andacht trägt, so wirst du bald finden, womit du dich stärken könnest. Doch sollst du billig allezeit viel gute Sprüchlein der Heiligen Schrift im Vorrat haben und gleichsam einen Schatz davon sammeln, damit es dir niemals fehle, wenn du der eines bedarfst. Findest du dann ein Sprüchlein, so laß nur deine Gedanken (Gott wird die Gnade dazu geben) von der äußerlichen Not fahren, und wende sie nur auf solches Sprüchlein und erwäge solches fein

andächtig in deinem Herzen, o wie wird dir das eine Quelle lebendigen Wassers sein! Wie wirst du es so viel tiefer verstehen unter dem Kreuz als vor dem Kreuz! Endlich wisse, soviel du der Welt absterben wirst, soviel wirst du in der Heiligen Schrift sehen und erkennen. Soviel du aber nach dem Sinne des Fleisches und der Welt leben wirst, soviel wirst du in der Heiligen Schrift blind und unverständig sein. Der Gott aber unseres Herrn Jesu Christi, der Vater der Herrlichkeit, gebe uns den Geist der Weisheit und Offenbarung zu seiner Selbsterkenntnis und erleuchtete Augen unseres Verständnisses, daß wir erkennen mögen, welche da sei die Hoffnung unseres Berufs und welcher sei der Reichtum seines herrlichen Erbes an seinen Heiligen und welche da sei die überschwengliche Größe seiner Kraft an uns, die wir glauben, nach der Wirkung seiner mächtigen Stärke, welche er gewirkt hat in Christo, da er ihn von den Toten auferweckt hat und gesetzt zu seiner Rechten im Himmel, welchem sei Ehre und Preis von nun an bis in Ewigkeit. Amen.

Schriftmäßige Lebensregeln

Gesellschaft gibt viel Gelegenheit zu sündigen. Willst du dein Gewissen bewahren, so sei eingedenk, daß der große und majestätische Gott nach seiner Allgegenwart der Vornehmste in der Gesellschaft sei. Vor eines so großen Herrn Gegenwart sollte man ja noch wohl Scheu haben.

In Erzählungen sei sehr behutsam. Denn der Lügen-Geist herrschet drinnen. Man ersetzet die Umstände aus eigener Erfindung, wenn das Gedächtnis nicht alles behalten. Man prüfe sich, wenn man etwas erzählt, ob man nicht in diesem und jenem mit Ungewißheit geredet. Lächerliche und üppige Historien stehen keinem Christen an. Denn sie sind entweder nicht wahr oder doch ungewiß, oder sind wider die Liebe des Nächsten, oder laufen hinaus auf einen Mißbrauch geistlicher Dinge, oder erwecken bei einem anderen den Verdacht, daß man ihn damit meine, oder machen, daß noch mehr dergleichen und die noch schlimmer sind, erzählt werden. Gute und insonderheit lebendige Exempel der Tugenden und die von der göttlichen Vorsehung, Allmacht, Gütigkeit, Gerechtigkeit Zeugnis geben, laß nicht aus deinem Gedächtnis, denn man kann viel damit bauen. Aber erzähle aus guter Gewißheit, dazu deutlich, vornehmlich ordentlich, ohne Zusatz, und wo dir etwas entfallen ist, so halte es für keine Schande, es zu gestehen.

Wenn du von dir selbst redest, so siehe zu, daß nicht eigne Liebe darunter sei.

In anderer Gegenwart rede nicht heimlich und ins Ohr, oder in fremder Sprache. Denn das bringet Argwohn, und ein anderer meinet, daß du ihm nicht trauest.

Wenn dir jemand widerspricht, so sei ja wohl auf deiner Hut. Denn das ist die rechte Gelegenheit, dich in Gesellschaft zu versündigen. Leidet Gottes Ehre und des Nächsten Bestes nicht drunter, so laß es gehen. Man streitet oft viel, und wenn der Streit aus ist, so ist gleich viel daran gelegen, wer recht hat. Wenn aber ja eine Verantwortung nötig ist, so hüte dich ja vor aller ungestümen Gemüts-Bewegung. Denn das ist nur ein fleischlicher Eifer. Hast du die Wahrheit vernehmlich und mit guten Gründen vorgestellt, so sei zufrieden, mit weiterem Zanken wirst du wenig gewinnen. Dein Widerpart wird der Sache mehr nachdenken, wenn er sieht, daß du deiner Sachen gewiß bist und nicht streiten wollest. Lernt er auch nicht mehr von dir, so lernt er doch Sanftmut und Bescheidenheit aus deinem Exempel.

Ehre jedermann in der Gesellschaft, aber fürchte dich vor keinem. Denn Gott ist größer als du und er. Vor dem fürchte dich.

Sei nicht traurig und verdrießlich bei den Leuten, sondern freudig und lieblich, denn das erquicket jedermann.

Siehe, ob dein Herz gleich beschaffen sei, es sei in der Einsamkeit oder in Gesellschaft. Findest du das nicht, so hast du große Ursache, dich der Einsamkeit noch mehr zu befleißigen als der Gesellschaft, damit du dein Herz zuvor in rechte Ordnung bringest. Findest du es aber, so siehe zu, der du stehest, daß du nicht fallest.

Gottfried Arnold

Gottfried *Arnolds* (1666—1714) Verständnis von Theologie, Frömmigkeit und Kirche wird man wohl am zutreffendsten als „mystisch-spiritualistisch" bezeichnen müssen. Was damit gemeint ist, hat der Kirchengeschichtsschreiber Walter Nigg sehr einleuchtend als „Anweisung zum inneren Leben" beschrieben. Um das recht verstehen zu können, müssen wir einen kurzen Blick auf Arnolds Lebenslauf werfen, denn bei ihm sind Lebensdaten und Schriften fast untrennbar ineinander verwoben.

Schon während seines Theologiestudiums in Wittenberg, dem Zentrum der lutherisch-orthodoxen Theologen, hatte er eine kritische, ja ablehnende Einstellung zum konventionellen, verfaßten Kirchentum gewonnen. Das laxe „Scheinchristentum" wurde ihm zum Greuel, weil es längst zum „Zank-Christentum" einer verweltlichten Kirche entartet war. Ist das Christentum in seiner Geschichte immer in diesem Sinne heuchlerisch gewesen, oder stellt die gegenwärtige etablierte Kirche nur die Endstufe eines Verfallsprozesses dar?

Arnold geht dieser Frage in einem Buch nach, das 1696 erschien und sich durch eine einzigartig fundierte Quellenkenntnis auszeichnet. Es trägt den Titel: „Die erste Liebe, das ist: Wahre Abbildung der ersten Christen nach ihrem lebendigen Glauben und heiligen Leben." Und schon durch diesen Titel ist angezeigt, welches Bild Arnold dem institutionellen Weltkirchentum seiner Zeit gegenüberstellt: das Idealbild der Urgemeinde, in der noch auf dem festen, gemeinsamen Grund heiligen Lebens und lebendigen Glaubens wahre Eintracht und Einfältigkeit, das heißt Einfachheit, herrschte. Der gute Zustand der ersten Christengemeinden ist die unmittelbare Folge ihres bedrängten, bedrohten Zustandes durch den Staat. Kaiser Konstantin habe diese glückliche Kirche ins Unglück gestürzt, weil er ihr Wohlstand und äußere Ruhe ohne Verfolgung gebracht hat. Aber der Mensch erträgt diese glückliche Zeit deshalb nicht, weil er an die Macht gerät. Macht muß erlitten sein und darf nicht ausgeübt werden. Der Christ kann nur völlig ungesichert allein aus dem Glauben leben.

Nur wenige Jahre später verfaßte Arnold — er war für kurze Zeit Geschichtsprofessor in Gießen gewesen — seine berühmte „Unparteiische Kirchen- und Ketzerhistorie" (1699), deren Inhalt er schon durch seine früheren Schriften vorbereitet hatte.

Kurz zuvor noch hatte er ein grausiges Gedicht über den Zustand der bestehenden Kirche verfaßt, aus dem wir eine Strophe zitieren, um zu verdeutlichen, wie radikal sich Gottfried Arnolds Kirchenkritik ausgewachsen hatte:

Der Tod sitzt ihr schon auf der Zungen schier,
ihr Aas soll bald in Abgrund sein begraben,
da mögen sich die Buhler an ihr laben.
Die fürchten schon, es falle ihre Zier,
und merkens schier.

Ist die Kirche also schon dem tödlichen Verderben preisgegeben? Arnold beantwortet diese Frage in seinem epochemachenden Geschichtswerk. Was zunächst heißt „unparteiisch" in seinem Sinne? Es bedeutet ein Doppeltes: einerseits will Arnold überparteiliche, historisch unanfechtbare Geschichte schreiben; andererseits aber liegt in dem Wort der verinnerlichte Sinn von „überkonfessionell", wir könnten heute sagen: „ökumenisch". Es geht nicht um bloße „Religionsparteien" oder „Sekten", sondern die ganze Kirche steht auf dem Spiel!

Eine Tendenz verfolgt Arnold durch die gesamte Kirchengeschichte hindurch als für ihren Verlauf bestimmend: Aus den urchristlichen Zeugen der Wahrheit entsteht die Geistlichkeit, die ihr Glück und Ansehen vergrößern will, die Urkirche entartet zur Institution, das Pfaffentum versteht sich mit der Schicht der Herrschenden identisch. Die Kirche kann diesen Zustand nur halten, indem sie ihre wahren, geistbegabten Frommen unterdrückt, indem sie sie zu „Ketzern" erklärt. Kirche und Ketzer sind also aufeinander bezogen, es gibt Ketzer nur, weil es Kirche gibt. Und das gilt auch in umgekehrtem Sinne. Kurzum: In die Kirche ist ein falscher Geist eingedrungen, sie ist zur Philosophenschule geworden. In ihr herrscht Vernunftweisheit, die sich selbst sichern und absichern will.

Was ist nun die Konsequenz für die Gegenwart? Wer wird Träger und Repräsentant der wahren Kirche? Antwort: Der wiedergeborene, bekehrte einzelne wird zum Glied der wahren, innerlichen Kirche, die nun nicht mehr bloß Teil der äußerlichen, weltlichen Kirche ist, sondern zwangsläufig zum Separatismus getrieben wird, d. h. der wahre Christ hat seinen Platz in der bestehenden Kirche verloren. Er wird auf die Gemeinschaft derer verwiesen, die mit Ernst Christen sein wollen, die sich von innerem Herzen zu Gott als ihrem tragenden Grundstock bekehren wollen.

Arnold hat sich in den letzten Jahren seines Lebens von den radikalen, beißenden Vorwürfen gegen die „Mauer-Kirche", der er die „Geist-Kirche" gegenüberstellte, größtenteils abgewandt, indem er selbst ein Pfarramt in der Altmark übernahm und dadurch doch in die bestehende Kirche zurückkehrte. Seine Schriften indes haben für den Leser unserer Tage nichts von ihrer aktuellen Radikalität eingebüßt: „Wer einmal unvoreingenommen Arnold gelesen hat, der ist für sein ganzes Leben dagegen gefeit, ein kirchlicher Ölgötze zu werden" (Nigg).

Wahrer Christenspiegel

Von den Früchten und Vorteilen des wahren Christentums im Allgemeinen

Unter den seligen Früchten der Gerechtigkeit Jesu Christi, welche die ersten Christen durch den Glauben hatten, war die Freude in Gott und der Preis Gottes, die wir so eben betrachtet haben, nicht die geringste. Wir müssen uns nämlich zuvörderst daran erinnern, daß, wie wir oben von den Alten gehört haben, alle Pflichten der wahren Christen zugleich ihre herrlichen Belohnungen mit sich führen, ja selbst Belohnungen sind, und daher auf doppelte Weise betrachtet werden können. Sie beriefen sich dabei allgemein auf die klaren Verheißungen des Herrn, daß ein gottseliger Wandel aus Gnaden nicht unbelohnt bleiben werde. Daher sagt der Apostel: „Die

Gottseligkeit sei zu allen Dingen nütz in diesem und im zukünftigen Leben" (1. Tim. 4, 8; Röm. 2, 6. 7; 2. Kor. 5, 10). — Dieses Umstands wußten sie sich sehr gut, namentlich gegen die Heiden, zu bedienen, welche ihre Hoffnung auf's Zukünftige verwarfen und verachteten, wie wir bereits im 16. Kapitel gefunden haben ...

Bisweilen mochten nun freilich die Feinde des Kreuzes Christi wider die Übung der Gottseligkeit mit Autolikus einwenden: „Wir sehen, daß diejenigen, welche ein heiliges Leben führen, unzähligem Übel unterworfen sind; dagegen sehen wir diejenigen, welche nichts suchen, als ihren eigenen Nutzen, in größeren Ehren und Glück in der Welt leben." Oder sie konnten sagen, wie es bei Maleachi 3, 14. 15 heißt: „Es ist umsonst, daß man Gott dient, und was nützt es, daß wir seine Gebote halten." — Wirklich klagt auch ein frommer Lehrer darüber mit den Worten: „Die meisten werden von der Pflicht der Barmherzigkeit und von andern Tugenden abgehalten, weil sie meinen, der Herr achte das Tun der Menschen nicht, er wisse nicht, was wir heimlich tun und was unser Gewissen im Schilde führe. Seine Gerichte scheinen gar nicht gerecht zu sein, weil die Sünder reich seien, in Ehre, Gesundheit und Freuden leben, während die Gerechten in Armut, ohne Ehre, ohne Kinder, in Schwachheit des Leibes und in steter Traurigkeit dasitzen müssen." — Allen diesen Beschuldigungen der Gerechtigkeit und Güte Gottes begegneten die wahren Christen sehr gut. Zuvörderst bestritten sie den Einwurf, daß Gott den Frommen keine zeitlichen Belohnungen schenke, und sagten mit Theophilus: „Wollen wir die Wahrheit bekennen, so haben die Heiligen dennoch ihre gebührende Ehre, die Gottlosen dagegen ihre Strafe." Ferner beriefen sie sich getrost darauf, daß sie nur auf das Unsichtbare haben sehen lernen. Auch sagten sie den blinden Heiden: „Sie sollen doch in die Ferne sehen lernen und auf das Ende aller Dinge warten." — Dann legten sie die Wahrheit des ewigen Gottes zu Grunde und bezeugten, daß Gott nicht ungerecht sei, daß er ihres Werks und ihrer Liebe vergesse (Hebr. 6, 10). „Gott, der Lehrer der Wahrheit und Zucht, sagten sie, läßt sich nicht betrügen, sondern ist ein Richter der Wahrheit. Nun aber ist die Glückseligkeit eines jeden nicht nach dem äußerlichen Überfluß zu schätzen, sondern nach dem Gewissen, welches die Taten der Guten und Bösen unterscheidet und Belohnungen und Strafen ohne Falsch austeilt. Ein Unschuldiger z. B. stirbt in seiner Einfalt, in seinem guten Willen und seine Seele ist fröhlich und getrost; der Sünder aber, ob er gleich äußerlichen Überfluß zu haben scheint, von gutem Geruch duftet und sich in lauter Wollust wälzt, bringt doch sein Leben mit einem bösen Herzen zu und stirbt, ohne von dem mitzunehmen, was er genossen hat, als den Lohn seiner Bosheit. Wer dies bedenkt, der leugne, wenn er kann, daß es eine Vergeltung des göttlichen Gerichts gebe." — Außerdem wiesen sie auch auf die Beispiele des armen Lazarus, Lukas 16, 16. 19, und des Apostels Paulus hin 2. Timotheus 4, 7, Apostelgeschichte 14, 22, welche beide keinen Anstoß daran nahmen, daß es den Bösen hier manchmal wohl, den Frommen aber übel gehe. —

Sie stützten sich also mit einer ganz andern Zuversicht auf die Verheißungen des Herrn, als die Heuchler und Maulchristen zu tun pflegen. — „Das Versprechen, das den Christen gegeben ist, sagten sie, ist unaussprechlich, daß alle Herrlichkeit und Zierde des Himmels und der Erde, alle Ergötzlichkeit, aller Reichtum und alle Schönheit in keinen Vergleich kommen mit dem Glauben und Reichtum einer einzigen Seele. Wie kommt es aber, daß man dennoch bei solchen großen Verheißungen und Erinnerungen des Herrn nicht zu ihm kommen, noch sich ihm ganz übergeben will?" — Darum handelten sie sehr weise, wenn sie den armen Seelen, die nur auf Vorteil, Nutzen und Lust bei ihrem Tun und Lassen sahen, zeigten, daß das Christentum nichts Schädliches oder Verderbliches sei, wie die Vernunft sich manchmal einbildete. „Wir wollen es euch mit wenigen Worten erklären, schrieben sie: Wir Christen sind nichts anders als solche Leute, welche nach der Lehre Christi den höchsten König und Herrn verehren. Ihr werdet nichts anders in dieser Religion finden, wenn ihr sie recht erwäget. Dies ist der Inhalt derselben, dies das vorgesteckte Ziel der göttlichen Pflichten und der Endzweck Gottes. Der Herr will es aber nicht deswegen haben, als ob er Lust daran hätte, wenn ihm so viele Tausende zu Füßen fallen; nein, unser Vorteil ist es und unsern Nutzen betrifft diese Anordnung. Er bedarf unseres Dienstes nicht, daß er uns deswegen befohlen hätte, ihm zu folgen, sondern er will es, um uns dadurch Heil zu verschaffen. Denn dem Heiland folgen, heißt eben soviel, als seiner Seligkeit teilhaftig werden, dem Lichte folgen, soviel, als des Lichts genießen. Welche aber im Lichte sind, die erleuchten das Licht nicht, sondern werden von dem Licht erleuchtet. — Demnach bringt der Dienst Gottes dem Allerhöchsten nichts ein, er bedarf auch dessen nicht; vielmehr hat er seinen Dienern Leben und unvergängliches Wesen verheißen. Er fordert aber deswegen Gehorsam von uns, damit er, weil er gütig und barmherzig ist, denen Gutes tue, die in seinem Dienste beharren. — Sowenig Gott der Menschen bedarf, soviel bedarf der Mensch seines Gottes. Denn das ist die Herrlichkeit des Menschen, daß er im Dienste Gottes bleibe, weswegen auch der Herr zu seinen Jüngern sprach: „Ihr habt mich nicht erwählt, sondern ich habe euch erwählet", — um anzuzeigen, daß seine Nachfolger nicht ihn herrlich machen, sondern er sie. Daher sei es die größte Torheit, wenn man des Heilands Befehle nicht befolge, sondern den Wunsch seines ärgsten Feindes erfüllen wolle. — So viel Worte in den Befehlen des Herrn sind, so viel sind es Verheißungen. Nichts ist leer von dieser nützlichen Lehre, außer wenn die Zunge von den großen Taten Gottes schweigt. Ja, eben deswegen zürnt der Herr, und seine unendliche Güte wird beleidigt, weil man sie bei dem größten Verlust der herrlichsten Belohnung dennoch verachtet, und nicht allein seine Befehle, sondern auch seine Verheißungen für nichts hält.

Wir haben oben gesagt, daß die Hoffnung den Christen eine merkwürdige Aufmunterung zum tätigen Christentum gegeben habe. Sie wurden aber nicht bloß in der Heiligen Schrift, sondern auch von ihren Lehrern aufgefordert, daß sie ihren Glauben mit den Werken zeigen sollen. Ignaz z. B. schrieb an die Zuhörer Polykarps: „Gefallet doch dem, dem zu gefallen ihr kämpfet, und von dem ihr auch Lohn haben werdet. Lasset die guten Werke eure Beilage sein, damit ihr auch eure Einnahme würdiglich empfanget." Desgleichen schreibt Tertullian den Märtyrern im Gefängnis: „Ihr werdet hier einen Kampf antreten, in welchem Gott selbst die Geschenke austeilt und der Heilige Geist euch den Lauf lehrt. Der Lohn der Kämpfer ist die Krone der Ewigkeit, unser Bürgerrecht im Himmel und unsere Herrlichkeit, die ewig dauern soll." — Andere sagen: „Der Gewinn der Gottseligkeit ist groß, er hat Überfluß nicht an vergänglichem Reichtum, sondern an ewigen Geschenken, worin keine gefährliche Versuchung, sondern eine beständige und ewige Gnade ist. Das Gesetz Christi droht den Sündern nun nicht mehr bloß mit dem Schwert, sondern verspricht denen eine Belohnung, die ihm frei dienen. Daher haben sie auch Lob von Gott, welcher allein ins Herz sieht. — Der Nutzen der guten Werke ist Heiligung und Leben, deswegen werden sie ein Same genannt, weil man von ihnen Lohn erwartet, gleichwie man von dem Samen Frucht sammelt. Denn der Herr hat deutlich befohlen, was er befohlen hat, und große Dinge dabei verheißen. Er hat aber auch dafür gesorgt, daß er dem heiligen Geist eine reine Wohnung bereite und dieser sich mit seinen Gaben gerne dahin begebe. Er verwirft also das Gute nicht, sondern muß annehmen, was er selbst wirkt und beschützt; nimmt er aber dasselbe an, so muß er es auch vergelten."

Der Weg zur Herrlichkeit ist rauh und ungebähnt,
wer sich zur Höhe hin aus dieser Tiefe sehnt,
den schrecke kein Verdruß, ist auch die Mühe groß,
so denk' er, was das sei, zu ruh'n in Christi Schoß.

Gott befiehlt nicht Gutes mir,
er verbeut das Böse nicht,
daß er alles auf sich richt,
und nicht nützen wollte mir. —
Nein, der brauchet keinen Knecht,
den sonst alle Welt verehrt,
wenn er dessen Vorteil mehrt,
der ihn liebt und findet recht.

Beschluß der Kirchen- und Ketzerhistorie

Im übrigen werden nun verständige und gottsuchende Gemüter

aus der ganzen Serie und Ordnung dieser Historie nacheinander ohne fernere Anführung selber ersehen, das unaussprechliche langwierige Elend der ganzen sogenannten Christenheit, welches gleichwohl gegen allen äußerlichen Ruhm und Schein, aus allen und jeden Umständen und Begebenheiten so gar deutlich in die Augen fällt. Man kann nicht leugnen, daß die sogenannte Kirche in so viel tausend Stücke oder Parteien und Sekten von Anfang her zerrissen und zertrennet worden: Ja daß, wo man die einzelnen Personen in ihren eigenen Meinungen und Wegen ansieht, wohl so viele Sinne oder Konzepte oder Religions-Arten erkennt, als jederzeit fast Köpfe gewesen ... Man findet aber auch ferner, daß diejenigen, welche noch mit dem Heiland der Welt und untereinander wahrhaftig und wirklich eins gewesen, sich allein an dieses Haupt in stiller Niedrigkeit gehalten, und ob sie wohl von denen, die das Ansehen gehabt, als Sektierer und Ketzer ausgerufen worden, danach weder Paulisch, noch Apollisch, noch Christisch heißen wollen. Woraus ferner offenbar und zu schließen leicht ist, ob die Gemeinden und größten Haufen oder Parteien, deren ein jeder sich rechtgläubig und in der Lehre (wie sie diese von dem Leben also abgerissen) für vollkommen ausgegeben, die wahre Kirche jemals wahrhaftig ausgemachet? Oder ob diejenigen für die unsichtbare rechte heilige Gemeinde Christi anzusehen sei, die unter allen sichtbaren Sekten als Schafe Christi den großen Haufen allein gehöret, respektiert und das ewige Leben von ihm empfangen? Deswegen, wo auch eine unparteiische Kirchen-Historie sonst nichts nütze wäre, so kann sie doch darin einem Gemüte, dem es allein um die Rettung der Seligkeit zu tun ist, dazu hauptsächlich dienen, daß es durch die Erkenntnis des allgemeinen Elends desto kräftiger zu Christo, dem ewigen lebendigen Wort des Vaters, allein getrieben wird, und sich bei so augenscheinlicher Gefahr in innigster Begierde des Glaubens in ihn hinein senket. Dann, wenn von allen Seiten her mit vollem Halse gerufen wird: Sehet, hier ist Christus, da ist Christus! Sehet, er ist in dieser Kirche oder Schule, in der oder in jener Predigt oder Übung, in diesem Collegium, oder Kammer- und Haus-Versammlung, bei der oder jener Person ist er allein! So folget ein Herz, das Christum wahrhaftig kennet, nicht, geht auch nicht außer sich und außer der Gemeinschaft und dem steten Umgang mit dem Herrn. Sintemal, wo es nicht an ander Leute Schaden aus denen hier erzählten Exempeln klug werden kann, es gleichwohl durch eigene Erfahrung gewitziget ist, wie leicht das unschuldige, lautere und freie Leben Jesu Christi bei solchem Ausschweifen und sektiererischem Ansehen der Personen verletzt und verloren werden könne. Es haben leider! (besage dieser Historie) die gutwilligsten Gemüter und bescheidenen Gemeinden durch dergleichen Parteilichkeit, sektiererische Absonderungen, Selbstgefälligkeit und eigene Erhebung das von Gott verliehene Gute nach und nach augenscheinlich verloren, und mit ihnen zugleich andere verleitet, die sich ihnen allein zugesellt und anvertraut gehabt und von dem allgemeinen und einigen Weg, der da Christus selber ist, abgeführt.

So bleibt demnach aus allen vorhergehenden Erzählungen dieses der beste Vorteil, daß unser Gemüt von allem, was Christum zerteilen oder nur stückweise anpreisen und vortragen, oder auch an sich und seine Lehre allein binden will, ernstlich fliehe, und sein Aug und Ohr einzig und allein gegen Christi wahrhaftige Gestalt und Stimme frei offen behalte. Derjenige Geist der Weisheit, der uns in alle Wahrheit zu leiten versprochen hat, wird auch seine gehorsame, untergebene Lehren die Christen genau zu prüfen, und mit Hintansetzung menschlicher Vorschriften, Formen, Urteile, Absichten und Übungen bloß und lauterlich aufsehen machen auf unsers Glaubens Anfänger und Vollender. Johannes, Paulus, Kephas und Apollo konnten wohl, da sie Gott dazu brauchen wollte, pflanzen und begießen, mit Fingern auf Christum weisen und rufen: Siehe, das ist Gottes Lamm! Aber wer waren diese alle und was konnten sie ausrichten, wo Gott nicht das Gedeihen gab? Wer in sektiererischer Eigenliebe die Braut für sich und dem Bräutigam vorenthalten, oder einen Anhang von Unwissenden und Einfältigen zuwege bringen, oder auch den von der Welt ihm beigelegten Charakter zu Sammlung einer gewissen eigenen Sekte oder Gemeinde brauchen und also Vater, Doktor, Meister und Herr des Glaubens heißen wollte, der konnte mitnichten des Bräutigams Freund sein. Und gleichwohl hat der Satan immer dieses zum Fallstrick anfänglich aufrichtigen Lehrer gebraucht, daß sie sich durch der Menschen Lob, Beifall und Erhebung, auch wohl durch einigen von Gott verliehenen Segen aufblähen, und so dann auf antichristliche Art ihre Autorität lehren und eigene Aussprüche anstatt Christi Jesu selber in die Herzen setzen und eindrucken lassen. Welches dann eben der rechte Widerchrist ist (in denen, die als Diebe und Mörder vor Christo kommen), der sich in dem Tempel Gottes oder die Gemüter gutherziger Menschen setzt und vorgibt, er sei Gott. Das ist, man müsse seiner Meinung und Führung so glauben und folgen, wie er selbige etwa mit einem mißbrauchten biblischen Spruch oder Vernunft-Schluß oder mit seinem eigenen Exempel als göttlich vorlege.

Kein Atheist kann sich hier weißbrennen, als hätte er den Zug Gottes und die Empfindung einer höheren Kraft niemals bei sich gemerkt: er wird auch derselben nimmermehr entlaufen, noch sie gar unterdrücken oder von sich weisen können, er ehre sich gleich noch so lange und mühsam; folget er nicht in Liebe, so mag er mit Schaden klug werden. Viel weniger darf jemand einwenden, er wisse bei solcher Uneinigkeit und Verderbnis der Parteien unter den Christen nicht, bei welcher er die Wahrheit suchen solle. Er darf sie nur bei dem suchen, auf welchen uns der Schöpfer gewiesen hat, daß wir ihn als seinen geliebten Sohn hören sollen, so wird er sie nicht allein finden, sondern auch empfinden, und in den Kräften oder geistlichen Sinnen seiner Seelen schmecken, hören, sehen und genießen. Und also wird er sich mit den häufigen Sekten nicht länger aufhalten, weil ihn der Geist Christi alles prüfen, und das Gute behalten, lehren wird. Noch viel weniger kann ein Heuchler, oder einer, der sich weder Paulisch noch Apollisch nennet, weiter einwenden, er dürfe nicht weiter glauben, oder gehen, als ihm dieser oder jener Mensch vorgeschrieben. Dann eben, indem er sich auf einen Menschen berufet, verrät er seine abergläubische Torheit und den sandigen Grund aller seiner Hoffnung. Er bekennt damit selbst, daß er mit Hintansetzung alles dessen noch einen ganzen neuen Bau seines Christentums müsse anfangen lassen, wo er anders bestehen und nicht wie Heu und Stoppeln im Feuer des Gerichts Gottes verbrennen soll. Einen andern Grund kann ja niemand legen, als denjenigen wesentlichen (wie ihn die Theologen selbst nennen), der gelegt ist, welcher ist Jesus Christus: Und wer die Gewissen entweder mit dem Gesetz, das nicht lebendig machen kann, oder mit seinen eigenen Einfällen und Wegen, Satzungen, Zeremonien, Formen und Bildern gefangen nimmt, ist jetzt, da das wahre Licht gern in aller Menschen Herzen scheinen will, und vermöge des Neuen Bundes wirklich scheinet, am allerwenigsten entschuldigt.

Allein, ich muß hier schließen und in wahrhaftiger gemeiner Liebe alle und jede unsterbliche Seelen Gott (als dem mitteiligsten höchsten Gut) und diesem lebendigen ewigen Wort seiner Gnaden selbst überlassen und empfehlen. Dieser, wie er willig und mächtig ist, alle miteinander zu sich zu ziehen, also wird er sich auch in einem jeden als das wahrhaftige Licht äußern und bezeugen, das da alle Menschen erleuchtet. Selig ist der, welcher, sobald er dessen Schein und Kraft erblickt, demselben eifrig nachspürt, seine Augen dadurch öffnen läßt und so dann auf seinen Wegen diesem brennenden Licht gestrost nachfolgt, bis der Morgenstern selbst und endlich der volle Sonnenschein anbricht. Ein solcher, er sei wo er wolle, wird keinen Mangel haben an irgendeiner nötigen Kraft oder Gabe und im Gehorsam warten dürfen auf die volle Offenbarung Jesu Christi selbst. Außer ihm ist in Ewigkeit kein Heil, kein Name der Parteien oder Religionen, Meinungen, Worte, Gottesdienste oder Opfer, kein Buchstabe oder Geist, darinnen wir errettet und selig werden könnten.

In ihm aber ist auf ewig (als in ein Haupt) alles zusammengefaßt, und was zu allen Zeiten von Gott abgewichen und entfernt oder in Sekten und Meinungen zerteilt gewesen, muß alles in ihm wiederum zusammengebracht und durch ihn in Gott eingesenkt und behalten werden. Und nun nahet die Zeit auch herbei, daß sich auch wirklich alle Scheidung und Trennung nacheinander verlieren, alle Menschennamen und Parteien verschwinden und alle Kreaturen in ihr ursprüngliches allerseligstes Eins als in ein unergründliches Meer der ewigen Liebe, die Gott selber wesentlich ist, hineingezogen werden soll, auf daß Gott sei alles in allem! Zu diesem Zweck müssen auch diese äußeren Buchstaben nach Gottes Wohlgefallen und Führung angewendet werden, daß nämlich des Lesers Sinn immer aus diesen mannigfaltigen Dingen zu dem einzigen Notwendigen kräftig gezogen und bei Erkenntnis ihrer Nichtigkeit an Gott allein durch Christum zu hangen gedrungen werde. Gleichwie auch das Gemüt des Schreibers bei dieser Arbeit von der züchtigenden, heilsamen Gnade Jesu Christi immerzu von der so leicht geschehenen Zerstreuung und Ausschweifung der Gedanken und Affekten zu ihm der Quell des ewigen Lebens gewaltig gezogen worden ist. So gar, daß, wo er nicht vorlängst den apparatum dieser fast unzähligen Dinge schon beisammen gehabt, selbige nun zu sammeln ihm würde unmöglich gewesen sein, nachdem die Liebe Christi nicht ruhet, bis sie uns gar in sich gezogen und gleichsam verschlungen hat. In diese senken wir uns zusammen mit der ganzen verlorenen und ausgearteten Creatur in hitziger innigster Begierde des Geistes hinein und wollen außer dieser Liebe ewiglich keine andere durch ihre Kraft suchen noch haben, nachdem wir lange genug unser selbst gewesen. Wer da kennt den, der ihn liebt, der bitte und nehme, suche und finde und genieße wirklich und umsonst, was Gott bereitet hat denen, die ihn lieben!

Das Seufzen des Gefangenen

Wie lieg ich Arme noch gebunden,
wie drückt mich meiner Fessel Last.
Ich meint', ich hätte Freiheit funden,
als mich die Lieb der Welt gefaßt.
Da wollt ich ungebunden gehn
und meinen freien Willen haben:
Drauf mußt ich zu Gebote stehn
den Feinden, die mich nicht los gaben.
Nun sah ich, daß ich noch nicht bin
aus ihrer Macht und Stricken gangen:
Ach Herr, nimm diese Fessel hin:
Mach los, was noch von mir gefangen.
Die Weltlieb ist noch sehr subtil
in mir nach der Natur verborgen,
und was ich noch vom Fleische fühl,
das macht dem Geist viel tausend Sorgen.

O schaue mein Gefängnis an,
ich lasse nimmer ab zu schreien.
Doch deine Langmut ist's, die kann
mich nach Verzug geschwind erfreuen.
Mach nur eins nach dem andern los,
so komm ich frei in deinen Schoß.

Ein Christ, ein Wunder. Viel Christen, viel Wunder.

Ich lebe noch in dieser Welt.
Ich bin doch schon zum Himmel aufgehoben.
Ich trag ein Joch, das mir gefällt:
Ich bin kein Engel und kann Gott doch loben.
Ich heiß' ein mangelhaftes Kind
und bin doch wert, denselben zu umfangen,
an dem man nichts als heiligs find:
Ich hab ihn schon und muß ihn doch verlangen.
Sein Kreuz wird leicht und doch auch schwer.
Nachdem ich so genau mit ihm vereinet:
Mein Herz ist voll und dennoch leer:
Voll Liebe, leer von dem, was ich beweinet:

Ich bin ein Wunder-Mensch vor anderer Menschen Augen
und weiß nicht, ob ich noch werd unter Menschen taugen.
Des Kreuzes Kraft hat mich zum Toren längst gemacht;
mich wundert, daß man mich nicht ins Gesicht verlacht.

Das anmutige Endlich

1. *Endlich* soll das frohe Jahr
    der erwünschten Freiheit kommen!
    Seht! Der Geist wird's schon gewahr,
    hat's in Vorrat angenommen.
    Seht! Er triumphieret schon.
    Geht einher in Siegeskränzen,
    wartend bei der Feinde Hohn.
    Auf den neu bekrönten Lenzen.
    Freunde, nicht Feinde, die sollen's erblicken,
    langes Verlangen soll Kinder erquicken.

2. *Endlich* wird das Seufzen still
und das Herze ruhig werden.
Wenn Papa es haben will,
daß die Lieben, die bewährten,
aus dem finstern Kerker gehn,
Band und Eisen von sich schmeißen
und nicht mehr von ferne stehn,
sondern ihn in einem preisen.
Harte Chaldäer, ihr müsset uns weichen,
Laodicäer, ihr sollt wohl erbleichen.

3. *Endlich* wird man Pflanzen sehen
Gott zu Preis in seinem Garten,
wenn man wird bei Paaren gehn
und nicht mehr in Hoffnung warten,
sondern eins dem andern wird
können seine Führung zeigen.
Jeder wird als nur ein Knecht
allen in der Demut weichen:
Weichen, sich beugen zur Einigkeit Bande,
singen und springen in lieblichem Lande.

4. Weg Vernunft und Zweifel-Wind,
eigen Lieb und eigen Ehre!
Wer hier nichts in Einfalt findt,
wiß, daß er die Hoffnung störe
und der Liebe Schmack verdarb,
die doch unvermischt soll bleiben.
Was in ihr noch scheinet hart,
kann uns nicht in eins eintreiben.
Stille! Der Wille des Vaters wird zeigen
allen Gefallen bei kindlichem Schweigen.

5. Wenn der Schnee verschmolzen ist,
pflegt der Blumen Zier zu blicken:
Wenn du aus dem Winter bist,
wird der Lenz die Kränze schicken,
die noch jetzt verderbet stehn.
Doch nach kaltem Schnee und Winden

soll dein Fuß spazieren gehn,
tausend Blumen einzuwinden,
Rosen, Liebkosen der himmlischen Blüte,
engelsüß dort genieß seligster Güte.

6. *Endlich* wirst du dennoch Braut
und dein Bruder Bräutgam heißen.
Wer dich jetzt in Neid anschaut,
wird dich endlich selig preisen.
Endlich muß der Himmel auch
ein beliebtes Ja-Wort sagen
und wer sonst nach Welt Gebrauch
niemals hier was wollen wagen.
Endlich unendliche Herrlichkeit bringt.
Endlich die endliche Trübsal verschlingt.

Gerhard Tersteegen

Gerhard *Tersteegen* (1697—1769), aus dessen alter Lebensbeschreibung im Anschluß ein Auszug zu lesen ist, erhält zuweilen das Attribut „fromm" im Zusammenhang mit dem be-
schaulichen, stillen Beruf, den er ausgeübt hat. Man bezeichnet
ihn oft als den „frommen Bandwirker"; theologisch gesagt: er
gehört zu den quietistischen (quies = Ruhe) Pietisten.

Er selbst hat die Weise seiner Lebensführung in folgende Worte
gefaßt: „Ein mit Christo in Gott verborgenes Leben führen;
ein Leben der Heiligkeit und Gottseligkeit, der Demut, der
Sanftmut, der Einfalt, der Unschuld, der Liebe, der Barmherzigkeit, der Keuschheit, der Mäßigkeit; kurz ein Leben vor
Gott und in Gott."

Das „verborgene Leben mit Christo in Gott" ist also das be-
sondere Merkmal des Frömmigkeitstypus, den Tersteegen ver-
körpert. Und gerade aus dieser Stille und Abgeschiedenheit
wurde ihm trotz äußerer Notlagen immer wieder die Kraft
geschenkt, sich unermüdlich im Dienst am Nächsten zu verwen-
den; und das bedeutete für ihn einen verzehrenden und auf-
opfernden Dienst als Prediger, Seelsorger und Laienarzt, immer
im Bewußtsein, ein Stück zur Aufrichtung des Gottesreiches
beizutragen.

Tersteegen ist durch sein geistlich-meditativ-poetisches Werk zu
einem der bedeutendsten und tiefgründigsten Seelsorger der
evangelischen Kirche geworden. Er gibt den Leidenden und
Trauernden eine tiefe und innige geistliche Dichtung an die
Hand, die sie in ihrem bedrängten und elenden Zustand medi-
tieren und bedenken können, damit sie ihrer „Eigenheit" absterben und in freudigem Vertrauen zur wahren Erlösung ihres
seelischen Leidens finden möchten.

Eine Strophe mag uns davon Zeugnis geben, wie Tersteegen
zu trösten versteht:

Nimm auf dies Kreuz und alle Leiden
und trag es Jesu willig nach,
es folgen wesentliche Freuden
nach langem, bangem O und Ach:
Der Glaube muß durch Proben gehn
und glauben lernen ohne Sehn.

Noch ein Wort müssen wir über Gerhard Tersteegens Bedeutung als Mystiker sagen. Erich Schick hat zunächst mit Recht darauf hingewiesen, daß die Mystik eben nicht unter allen Umständen „wirklichkeitsfeindlich und tätigkeitsfeindlich" ist. Denn dafür ist Tersteegen in seinem aktiven Dienst am Nächsten ein schlagender Beweis. Tersteegens Frömmigkeit ist nur in dem Sinne als „mystisch" zu bezeichnen, als sie auf die „innige Neigung zum verborgenen Leben mit Christo in Gott", auf die „Wahrheit des Inwendigen", besonderen Nachdruck legt. Tersteegen sagt, der „geheime Umgang mit Gott" sei das ganze Geheimnis des inwendigen (mystischen) Lebens, und er gibt uns damit zu bedenken, daß wir bei aller weltlichen Geschäftigkeit und ruhelosen Hast auch eine Zeit innerer Sammlung und Zurückgezogenheit nötig haben sollten, um gerade „in Ruhe" über uns selbst nachzudenken. „Gott ist ihm (Tersteegen) der Inbegriff dieses heiligen Gutes der Stille, das einerseits nur in der Stille erfahren werden kann und das andererseits dem nach dieser Stille hungernden Herzen eben diese Stille einzig nur zu schenken vermag" (Löschhorn).

Tersteegen hat dies in eindrucksvolle dichterische Worte gekleidet:

Du aller Geister Ruh',
erhöre mein Verlangen:
Wann wird mein Geist in dir
zu deiner Ruh' gelangen?
Ich bin ein treibend Rad;
in dir ist Stille nur.

Die Lebensbeschreibung des seligen Gerhard Tersteegen

Vorbericht

Man erfüllet hiermit das Versprechen, welches man von dieser Lebensbeschreibung in der Vorrede zu dem ersten Bande der deutschen Briefe gegeben hat.

Hätte man der Neigung des Seligen durchaus folgen wollen, so würde der geliebte Leser diesen Aufsatz entbehren müssen; er achtete sich viel zu gering, als daß er an eine Lebensbeschreibung hätte denken sollen. Wie sehr ihn auch einige Freunde kurz vor seinem Ende darum baten, so wies er sie doch liebreich ab und vertröstete sie mit diesen Worten auf die Ewigkeit: „Da werdet ihr, meine Brüder, mein Leben sehen, da werdet ihr mit mir leben, und da wollen wir einer dem andern zum ewigen Lobe Gottes unsere Lebensbeschreibungen erzählen." Diesem ungeachtet hat man den Freunden hiesiger Gegend, vorzüglich den auswärtigen, die unsern Tersteegen nie von Person gekannt, eine etwaige Nachricht von seinem Herkommen, Lebensart und Umständen nicht versagen können.

Der alte Freund, dessen bereits in eben erwähnter Vorrede gedacht worden, hat zu dieser Nachricht den nötigen Stoff an die Hand gegeben. Was er selbst in seinem zweiundvierzigjährigen Umgang mit dem Seligen gesehen und gehört, hat er gewissenhaft aufgezeichnet. Außerdem hat er nebst verschiedenen, die viele Jahre hindurch einen vertrauten Umgang mit Tersteegen hatten, einen gewissen Freund, der demselben bei vierundvierzig Jahre und bis zum Ende seines Lebens gedient, zu Rate gezogen. Hieraus ist der Inhalt gegenwärtiger Nachricht entstanden, von deren Zuverlässigkeit der geliebte Leser völlig gesichert sein kann.

Sollte derselbe mehr Ordnung und Auswahl erwarten, so darf er sich nur erinnern, daß man die eingegangenen Nachrichten, so viel möglich gerne alle beibehalten wolle.

Tersteegens Geburt und Herkunft

Der selige Gerhard Tersteegen ward geboren den 25. November 1697 in der Hauptstadt des Fürstentums Mörs. Sein Vater, den er wegen seines frühzeitigen Hintritts nicht kennengelernt, aus dessen Papieren er aber nachgehends ersehen, daß er mit auswärtigen Frommen einen starken Briefwechsel geführt und der Gottseligkeit ergeben gewesen, war Heinrich Tersteegen, ein Bürger und Kaufmann in besagter Stadt; seine Mutter Maria Cornelia Triboler. Von acht Kindern, sechs Söhnen und zwei Töchtern, war unser Gerhard der Jüngste. Einer seiner Brüder war Prediger, die andern Kaufleute, unter welchen einer namens Johannes, der ebenfalls ein begnadigter Mann war, diesen seinen jüngsten Bruder vorzüglich liebte.

Vorzügliche Fähigkeit

Er besaß eine vorzügliche Fähigkeit und wird deswegen von seiner Mutter in die Lateinischen Schulen getan, die er alle durchging. Er übte sich mit vielem Fleiß sowohl im Griechischen und Hebräischen als im Lateinischen; in letzterem brachte er es so weit, daß er bei einer öffentlichen Solennität eine lateinische Rede in Versen mit allgemeinem Beifall aller Gegenwärtigen hielt, und eine vornehme Magistratsperson daher Anlaß nahm, seiner Mutter zu raten, daß sie diesen ihren Sohn dem Studieren widmen möchte.

Tersteegen tritt in Kondition

Die Mutter entschuldigte sich mit ihren häuslichen Umständen und bestimmte ihn zur Kaufmannschaft; er trat deswegen im fünfzehnten Jahr seines Alters bei seinem Schwager M. Brink, einem Kaufmann in Mülheim an der Ruhr, auf vier Jahre in Kondition.

Wird von der Gnade ergriffen

Hier war es, wo er bereits in dem sechzehnten Jahr von der Gnade gerührt ward. Von den eigentlichen Mitteln dazu läßt sich nichts Ausführliches sagen; so viel aber weiß man, daß er in Mülheim mit einem erweckten Kaufmann bekannt geworden, von welchem er viel gute Erinnerungen gehört. Auch hat man aus seinem Munde, daß er einst über dem Lesen eines wichtigen Dankgebetes von einem frommen sterbenden Prediger tief gerühret worden. Bei solchen und unstreitig weit mehreren Veranstaltungen der weisen Güte empfand er so starke Gnadenzüge, daß er seine Sinnesänderung sehr ernstlich suchte und deswegen ganze Nächte mit Lesen, Beten und guten Übungen zubrachte. Der folgende Umstand scheint vornehmlich seiner Seele heilsam gewesen zu sein. Er ward damals nach Duisburg gesandt; in dem Duisburger Walde überfielen ihn so heftige Kolikschmerzen, daß er nichts als den Tod vermutete. Er ging ein wenig aus dem Wege und bat Gott herzlich um Befreiung von diesen Schmerzen und um Fristung seines Lebens, damit er Zeit haben möchte, sich auf die Ewigkeit gehörig vorzubereiten. Hierauf verschwanden die Schmerzen auf einmal, und er ward aufs kräftigste bewogen, sich dem so guten und gnädigen Gott ganz zu übergeben, ohne den mindesten Vorbehalt.

Er verwechselt die Kaufmannschaft mit einem stilleren Gewerbe

Um diese Zeit war ihm die gänzliche Nichtigkeit aller irdischen, vergänglichen Dinge und das große Gewicht der ewigen und himmlischen sehr klar entdeckt. Er bemerkte zugleich, daß die Kaufmannschaft und der beständige Umgang mit allerlei Menschen ihm viele Zerstreuungen verursachte und ihn an dem Wachstum in der Gnade hinderte. Deswegen erwählte er, ob er gleich obgemeldete vier Jahre bei der Handlung aushielt, dennoch nach Verfließung derselben ein stilleres Gewerbe. Die Bekanntschaft, in welche er damals mit einem frommen Leinenweber geriet, brachte ihn zu dem Entschluß, dessen Profession zu lernen; allein seine schwache Leibesbeschaffenheit und öfters Haupt- und Kolikschmerzen nötigten ihn, davon abzustehen. Er erwählte das Bandmachen und hielt niemanden um sich, als das Mädchen, das ihm die Seide wickelte. Doch blieb er, so wie auch die übrige Zeit seines Lebens, zu Mülheim an der Ruhr wohnen.

Lebt sehr eingeschränkt

Bei dieser neuen Verfassung lebte er in der größten Verleugnung aller Sinnlichkeit. Seine Kleidung war schlecht, seine Speisen, die er sich oft selbst bereitete, gering und bestanden meistens in Mehl, Wasser und Milch. In den ersten Jahren seines einsamen Lebens aß er gar nur einmal des Tages und trank weder Tee noch Kaffee.

Gerät bei seiner Wohltätigkeit in große Armut und Elend

Wie gering sein Einkommen sein mochte, so bewies er sich doch ausnehmend freigiebig gegen die Armen. Zur Abendzeit, wenn er nicht gesehen werden konnte, ging er in die Häuser der Dürftigen und Kranken und teilte ihnen mit, was er von seinem Verdienst nur immer entbehren konnte. Sein Wandel in der Nachfolge des armen Lebens Jesu machte ihn bei seinen Anverwandten so verächtlich, daß sie ihn auch kaum mochten nennen hören. Sie würdigten ihn nicht einmal nach dem Absterben seiner Mutter, bei der Teilung ihrer Nachlassenschaft zugegen zu sein. Bei der Teilung seiner mütterlichen Erbschaft wiesen ihm seine Miterben ein Haus zu, um zu verhüten, daß er nicht alles weggeben möchte. Er nahm aber von seinem Bruder Johannes den Wert dieses Hauses an barem Geld vor und nach ein und gab dies Geld ebenfalls größtenteils an Arme hin. Weil dadurch seine Anverwandten immer mehr gegen ihn aufgebracht wurden, und er zum öftern viele Wochen nacheinander krank lag, ohne etwas verdienen zu können, geriet er selbst in die äußerste Armut und Not. Der folgende Auszug aus einem Briefe, welchen er 1766 den 24. Oktober von der Armut an eine sichere Freundin geschrieben, kann davon zeugen.

„Es lässet sich", schreibt er unter anderem, „noch gut von der Armut reden, solange man mit reichen und geneigten Freunden umgeben ist. Schreiber dieses hat im Anfange Zeiten erlebt, da er bis morgen kaum Brot wußte, und ohne Freunde war, die von seinen Umständen Nachricht hatten. Von morgens fünf Uhr bis neun Uhr abends wirkte er, lag auch wohl bis zehn bis zwölf Wochen krank zu Bette oder auf dem Boden, ohne daß auch Freunde, bei denen er im Hause war und Kostgeld zahlte, nur eine ihrer müßigen Mägde hinaufgeschickt hätten, mir einen Trunk Wasser zu reichen. Ich aber dachte immer, es müsse so sein." In einem andern Briefe an einen Freund schrieb er: „Ich lag einst krank zu Bette, an einem hitzigen Fieber, und meinte vor Durst und Hitze zu verbrennen. Ich bat die Magd meines

Bruders, bei welchem ich krank lag, mir für einen halben Stüber dünnes Bier zu holen. Die Magd war aber unachtsam, und indem ihr ihre Frau etwas anderes befahl, vergaß sie meiner. Ich lag oben im Haus allein, und niemand dachte mehr an mich. Ich mußte also vom Morgen bis weit in den Nachmittag so im heißen Durst liegen, ohne einen Tropfen zu meiner Erquickung zu haben. Endlich hörte ich das Mädchen auf der Treppe kommen. Da bat ich Gott, daß er mich doch in der Sanftmut erhalten möchte."

Er wird von dem Herrn sehr unterstützt

In solchen Prüfungen blieb sein kindliches Vertrauen auf des himmlischen Vaters Vorsorge fest und unbeweglich. Hierzu ward er in seinem Inwendigen kräftig aufgefordert. Wie er einmal bemerkte, daß eines seiner Kleidungsstücke abgenützt war, und nicht wußte, woher er Geld nehmen sollte, um sich etwas Neues anzuschaffen, so ward ihm mit aller Kraft auf das Gemüt gedrückt: Er sollte nur nicht sorgen. Dies stärkte ihn in dem Harren auf die Güte Gottes ausnehmend, und diese Güte versorgte ihn, wie sich nachgehends zeigen wird, reichlich, sie ließ es ihm an keinem Guten fehlen.

Überhaupt genoß unser Seliger zu dieser Zeit eine wahre Zufriedenheit. „Ich kann nicht aussprechen, wie vergnügt ich da gewesen, als ich allein wohnete, ich dachte oft, kein König in der Welt könnte so zufrieden leben, als ich damals lebte. Ich wußte ja nicht, wann ich aß, was es war und wie es schmeckte, auch sah ich oft in acht Tagen keinen Menschen als nur das Mädchen, so mir die Speise brachte."

Gerät in innere Leiden und wird erlöst

Allmählich führte ihn der Herr in innere Leiden. Er mußte durch manche Dunkelheiten, Versuchungen und Proben gehen. Gott entzog ihm seine empfindliche Gnade, um seine Treue und ausharrende Geduld zu prüfen und ihn auf seine zukünftige Wirksamkeit vorzubereiten. Fünf Jahre lang dauerte diese Finsternis. Endlich aber ging ihm auf seiner Reise zu einer benachbarten Stadt das Licht wieder auf; die versöhnende Gnade Jesu Christi ward ihm so gründlich und überzeugend bloßgelegt, daß sein Herz völlig beruhigt ward. Bei dieser Gelegenheit setzte er das schöne Lied auf: „Wie bist du mir so innig gut, mein Hoherpriester du!" Man erinnert sich hierbei eines merkwürdigen Vorfalls, den er mehrmals erzählt: Durch Nachsinnen über die mancherlei Sekten in der Christenheit geriet er einmal in eine so schwere Versuchung, daß er fast zweifelte, ob ein Gott sei. Aus dieser Versuchung rettete ihn aber der Herr gar bald, nicht allein durch eine gründliche Erleuchtung seines Verstandes, sondern auch durch eine Mitteilung Gottes in seinem Inwendigen, die er mit Worten nicht ausdrücken konnte. Hierdurch wird er in der wesentlichen Erkenntnis Gottes, unseres Heilandes, so befestigt, daß er nachher mit einer so gründlichen Erfahrung, mit so großer Kraft und Salbung davon hat reden und schreiben können. Um diese Zeit wird es vermutlich gewesen sein, als er mit seinem eigenen Blut die edele Verschreibung an den Herrn Jesum aufsetzte, welche hier folgt:

Meinem Jesu! Ich verschreibe mich dir, meinem einigen Heiland und Bräutigam, Christo Jesu, zu deinem völligen und ewigen Eigentum. Ich entsage von Herzen allem Recht und Macht, so mir der Satan über mich selbst mit Unrecht mochte gegeben haben, von diesem Abend an, als an welchem du, mein Blutbräutigam, mein Erlöser durch deinen Todeskampf, Ringen und Blutschwitzen im Garten Gethsemane mich dir zum Eigentum und Braut erkaufet, die Pforten der Hölle zersprenget und das liebevolle Herz deines Vaters mir eröffnet hast. Von diesem Abend an sei dir mein Herz und ganze Liebe auf ewig zum schuldigen Dank ergeben und aufgeopfert! Von nun an bis in Ewigkeit nicht mein, sondern dein Wille geschehe! Befehle, herrsche und regiere in mir! Ich gebe dir die Vollmacht über mich und verspreche mit deiner Hilfe und Beistand eher dieses mein Blut bis auf den letzten Tropfen vergießen zu lassen, als mit Willen und Wissen, in- und auswendig dir untreu oder ungehorsam werden. Siehe, da hast du mich ganz, süßer Seelenfreund, in keuscher, jungfräulicher Liebe dir stets anzuhangen. Dein Geist weiche nicht von mir und dein Todeskampf unterstütze mich. Ja, Amen. Dein Geist versiegle es, was in Einfalt geschrieben dein unwürdiges Eigentum

am Gründonnerstag-Abend Anno 1724   Gerhard Tersteegen

Geduldig sein in Kreuz und Pein

Senk dich fein tief in Gottes Lieb' hinein,
dann kannst du leicht sanft, still, gelassen sein!
Des Herren Kreuz ist solch ein sanftes Kissen,
man sollt' es nicht für Seid' und Sammet missen.

Jesus zu der Seele:

Ei, stör dich nicht, mein Kind, bleib innig abgeschieden
in sanft und stillem Geist, in unverrücktem Sinn;
laß kommen, was da will, bewahre deinen Frieden,
nichts ist des Störens wert, Ich, Jesus, in dir bin;
hab Ruh in mir, daß ich in dir kann ruhn,
was will dir Welt und alle Teufel tun!

Alles am rechten Ort

Ein Stein sich nach der Erde neigt,
ein Flämmlein in die Höhe steigt,
ein Fisch will in dem Wasser leben,
ein Vogel in der Luft muß schweben;
wenn jedes da ist, wo es soll,
so ist es still und ihm ist wohl.
Mein Geist ist ruhig und vergnüget,
wenn er in Gott, sein'm Ruhpunkt, lieget.

Umgang mit Menschen

In Werken und in Worten,
sanft, lieblich aller Orten
sollst du bei Menschen sein;
doch mußt du stets daneben
an Gott im Grunde kleben,
als wenn du wärst allein.

Die wahre Freiheit

Wer wahre Freiheit sucht, der zwinge Fleisch und Sinnen
samt aller Eigenheit in enge Bande ein.
Die Freiheit der Natur zwingt nur den Geist von innen;
Geh aus dir aus in Gott, willst du in Freiheit sein!

Reichsgraf Nikolaus Ludwig von Zinzendorf

Reichsgraf Nikolaus Ludwig von *Zinzendorf und Pottendorf,* „geboren 1700, ging im Jahr 1760 als ein Erobrer aus der Welt, deßgleichen es wenige, und im verfloßenen Jahrhundert keinen wie ihn gegeben".

Mit diesem kräftigen Lob beginnt der bekannte Theologe und Philosoph Johann Gottfried Herder seine kurze Lebensbeschreibung eines der ökumenischsten Theologen, die die Kirchengeschichte je hervorgebracht hat. Die zahlreichen Reisen, die Zinzendorf durch ganz Europa, Rußland und Amerika unternommen hat, wie ebenso auch die Gründung der bekannten „Herrnhuter Brüdergemeine" geben beredtes Zeugnis von diesem ökumenischen Geist.

Drei Dinge sind vornehmlich zu nennen, die die Ökumenizität Zinzendorfs am ursprünglichsten bekunden (Ernst Benz):

1. Die eifrige Bemühung um eine wirkliche Glaubensgemeinschaft, eine wahre Kirche, die ohne Haß und konfessionellen Zank der Wiederkunft ihres Herrn entgegenwartet. Und Zinzendorfs ganze Missionstätigkeit in Afrika und Nordamerika ist von dem Anliegen getragen, die wirkliche Einheit der Kirche zu fördern und das *eine* Zeugnis, den *einen* Glauben, in der Welt zu verkündigen. Die wahre, eine Kirche muß frei sein vom Streit feindlicher Konfessionsparteien!

2. Zinzendorf hat in seinem „Litaneyen-Büchlein" der Brüderunität seiner ökumenischen Idee auch liturgische Gestaltung gegeben. Dabei war der Gemeinde — und davon kann unsere Kirche nur lernen — immer neu die Möglichkeit eigener, spontaner, geistbegabter (charismatischer) liturgischer Produktivität gegeben, weil die Liturgie nicht ein- für allemal und unwiderruflich in einer Agende festgelegt sein sollte. Die meisten Gebete flehen die Aufrichtung der wahren Kirche Christi herbei und bitten um die Überwindung der unheilvollen Zerrissenheit

der gegenwärtigen, in viele Sekten und Parteien gespaltenen Kirche.

3. Besonders aber tritt Zinzendorfs ökumenisches Anliegen in seiner geistlichen Dichtung hervor, von der manche Beispiele im Anschluß zu lesen sind. Auch diese Dichtung ist vom Lobpreis der wahren Gemeinschaft der Heiligen durchzogen, von der Einheit aller Sekten und Gruppen unter dem einen Herrn der Kirche, mit dessen baldiger Wiederkunft die wahre Einigkeit unter allen Christen vollendet sein wird.

Geben wir zusammenfassend und ausblickend dem bekanntesten Zinzendorf-Biographen, Erich Beyreuther, das Wort:

„Vielleicht ist dem Protestantismus nicht am schlechtesten gedient, wenn je und dann Männer großen Formats aus einer unbürgerlichen Welt ungerufen in ihr Kirchentum einbrechen, wenn Charismatiker andrer als bürgerlicher Berufswelten es in seinen oft zu engen Häusern, starren Methoden und festgefahrenen Traditionen erschüttern und neue Möglichkeiten eröffnen."

Gedanken über verschiedene evangelische Wahrheiten

Von der Heiligen Schrift

Je mehr ein Mensch sich selbst kennen lernt, je mehr sieht er ein, was ihm mangelt, und je begieriger wird er, dem Mangel abzuhelfen. Kommt er dann mit einer solchen Gemütsfassung zur Heiligen Schrift, so wird er die vortrefflichste und leichteste Anweisung zur wahren Glückseligkeit vor sich finden.

Es ist eine Wohltat, die nicht genug erkannt wird, daß wir eine Bibel haben, ein Evangelium-Buch, so ein Arzneibuch, darin ein jeder das Mittel zu seiner Genesung finden kann, so bald ihm die Augen aufgetan werden, darin zu lesen. Da müssen wir immer hinweisen, und zugleich in einer solchen Zusammenstimmung mit der Bibel stehen, daß, wer uns hört und aus dem Buche prüft, finden muß, daß zwischen unserm Munde und dem Buche eine völlige Harmonie ist, so daß er nichts mehr wünschen kann, als daß noch die Harmonie seines Herzens dazu komme, und sein Glaube sich mit unsern Bibelwahrheiten vereinigen möge. Dann ist man gesichert sowohl vor den Abwegen der Vernunft, die sich anderwärts hin verirrt, und der menschlichen Tiefsinnigkeit, welche daneben gräbt, als vor der natürlichen Leichtsinnigkeit, welche vorbeistreicht (Hebr. 2, 1), und dem Stolz des Weltweisen, welcher darüber zu fliegen denkt. Je mehr man inne wird (Joh. 7, 17), daß alles, was in der Bibel vom Heiland geschrieben ist, zutrifft, je größer wird der Respekt, den wir schon aus Herzgefühl vor dem Buche haben. Man wird immer fester überzeugt, daß die Heiligen Schriften Alten und Neuen Testaments so absolut göttliche Werke sind, daß alle Lehre, Sätze und Weissagungen aufs Künftige, und alles, was zum theologischen System gehört, für einen Menschen, der selig werden, oder einen, der ein Zeuge werden soll, so hinlänglich und vollkommen darin zu finden ist, daß man bis auf die Zukunft Christi nichts mehr braucht, und daß nichts mehr und anderes festgestellet werden kann und darf.

Es ist doch etwas Großes, daß der Teufel mit seiner Tausendkünstelei, in etlichen tausend Jahren, nicht hat zuwege bringen können, daß nur ein Spruch wäre verloren gegangen, an dessen Wahrheit uns was gelegen ist. Was hat der Gott dieser Welt, der sein Werk hat in den Kindern des Unglaubens, nicht für Siege — dem Scheine nach — über das menschliche Geschlecht erhalten? Aber doch hat er keinen Buchstaben der Heiligen Schrift, daran etwas gelegen ist, verrücken können. Wenn wir keinen andern Beweis für die Göttlichkeit der Heiligen Schrift hätten, so wäre das genug.

Der Heiland ist das Objekt der Heiligen Schrift; die Bibel ist das durchgehends, vom ersten bis zum letzten Blatt, von ihm, unserm Liebhaber, handelnde Buch; ohne ihn weiß man nicht, was es heißen soll, aber sobald man gleichsam aus dem Heiland heraus die Bibel ansieht, so hängt alles zusammen. Wie es Hebr. 9, 19 heißt: „Mose nahm das Opferblut und besprengte das Buch", so ist nun auch Jesus und sein Blut unser Schlüssel zur Heiligen Schrift, daß wir sie in Saft und Kraft verwandeln können. Wo im Alten Testament ein Wort oder eine Handlung von Gott steht, und keine andere der heiligen drei Personen deutlich charakterisiert wird, da ist allemal der Heiland dadurch zu verstehen. Wir suchen da niemanden, als ihn.

Es liegt in dem Worte Gottes mehr, als man sich gemeiniglich einbildet; es ist ein verborgener Schatz, eine wahre Perle. Wer einmal die Kraft davon erfährt, der weiß, wie wenig es möglich ist, mit seinem Wort bekannt zu sein, ohne zu dem zu kommen, der es geredet und gesagt hat: „Ihr müßt zu mir kommen, daß ihr das Leben haben möget." Läßt man sich durch das Wort nicht bald zu ihm führen, daß der eigentliche Grund und das Objekt davon ist, so wird man irre und versteht alles verkehrt.

Da der Heiland, als er noch in Person auf der Welt war, die Anhörung und Bewahrung des Wortes Gottes so gar der leiblichen Verwandtschaft mit ihm vorzog (Luk. 11, 28), so ist es eine große Sache, daß wir dasselbige Wort noch haben, welches schon zu jener Zeit das edelste, köstlichste Mittel war, seinem Herzen nahe zu werden. Wer wollte sich also der großen Seligkeit und des Vorteils nicht bedienen, daß wir eben dieselbe Wahrheit, Trost, Maximen, Evangelien und Briefe gefunden haben, deren sich die Apostel bedient, da sie ihren Herrn mitten unter sich hatten?

Die Heilige Schrift ist das Buch aller Bücher; es enthält, wie es da ist, die Wahrheit aus Gottes Herzen und Munde, und es ist sonst kein Buch, das sie zuverlässig enthält, es wird auch bis zu der Zukunft des Heilandes keines werden; so daß wir alles, was wir reden und schreiben, aus diesem Buche nehmen müssen.

Es gehört aber mit unter die Kreuzgeheimnisse, die eine Torheit sind denen, die verloren gehen, aber Weisheit bei den Vollkommenen. Wenn man sie nach den Grundsätzen abmißt, welche die Leute seit einigen Jahren angenommen haben, da sie Gott und seine Handlungen nach ihren ausgeschliffensten menschlichen Ideen und Handlungen abmessen wollen, so kommt man unmöglich fort.

Ein Hauptkennzeichen einer auf Jesum gegründeten Gesellschaft ist eine solche herzliche, innige, zärtliche Neigung zur Heiligen Schrift, daß man sich keine größere Delikatesse weiß, als diese einfältigen aber herzdurchdringenden Wahrheiten. Kinder Gottes sind eins darin, daß es eine Speise für Junge und Alte, Reiche und Arme, Kranke und Gesunde, Brot und Wasser des Lebens, die allereinfachste Nahrung ist. Man wird sie nicht überdrüssig; denn sie ist's, die von ihm zeuget, von dem wir nie genug hören können; denn wir sind ja nach seinem Namen genannt und haben ein Interesse mit ihm.

Aber freilich, so lange man kein Herz zum Heiland hat, so lange sind einem die Worte Gottes dunkel, zweifelhaft, und man findet manchmal darin keinen Sinn. Von der Stunde an aber, daß das Herz neu und eine neue Kreatur da ist, die geistliche Augen, Ohren und Sinne hat, werden einem die Wahrheiten, die Worte und Reden des Heilandes so klar und geläufig, daß es keine Schwierigkeit mehr hat. So ihr bleiben werdet in meiner Rede, so seid ihr meine rechten Jünger, ihr werdet die Wahrheit erkennen, und eine jede Wahrheit wird euch seliger und zu treuern, solidern Menschen machen, die jetzt wissen, was sie wollen.

Aber zu dem richtigen Verstand der Heiligen Schrift und zur gehörigen Unterscheidung gehört Geist und Leben. Wenn die Offenbarung, die schon so viel hundert und tausend Jahre bestanden, und bald in diesem, bald in jenem Weltteile regiert hat, offene und willige Herzen findet, so suchen solche Menschen nicht, sie zu verkünsteln und zu verdunkeln, sondern man isset, man genießt sie. Man ist nur bemüht zu sehen, wie es da steht, und so viel Kenntnis von der Wahrheit zu bekommen, als es in den Umständen möglich ist. Es kann nichts in dem menschlichen Gang, in so fern es eine Konnexion mit dem Heiland und seinem Reich hat, vorkommen, das nicht in der Bibel stände; und ich halte es für eines der stärksten Argumente für die Bibel, daß in dem einigen nicht großen Buche alles, was einem Christenmenschen in seinen innern und äußern Umständen begegnen kann, enthalten ist, entweder unter einem Exempel oder unter einer Regel, auch so gar die Verführung des Satans, der Welt und des Fleisches, und wie man sich da in acht zu nehmen und zu verhalten hat. Kurz, das Buch ist für uns, die daran glauben und darnach leben, orakelmäßig eingerichtet: Ich armes Kind darf nur einmal in die Bibel hineinsehen, so ist mir geraten, so

ist mir wohl; das kleine Büchlein gibt mir auf alle reale Vor-
kommenheiten, in Gemüts-, Hütten- oder Amtsumständen, die
zuverlässigste Auskunft; ich wüßte nicht, was für ein Elend ich
mit einem Sprüchlein nicht gleich stillen wollte. Es ist ein un-
vergleichliches Buch, da wir die Gedanken, die wir in dem täg-
lichen Umgang mit unserm Herrn im Herzen vernehmen, nach-
schlagen und ihre Gründlichkeit abnehmen können. Wenn uns
etwas verdächtig werden will, wenn sich eine Neigung, der wir
nicht trauen dürfen, von unsrer Seite in die und jene Idee mengt,
so können wir gleich aus dem Buche sehen, ob wir Gott gemäß
denken, und hernach nur bei unsers Heilands Grundsätzen und
Lehren feste bleiben. Das ist der Grund, warum der Heiland
sagt: Selig ist, wer Gottes Wort höret und bewahret; wer sich
damit bekannt macht, es unterscheiden lernt von andern guten
menschlichen Worten, es gleichsam zu seiner andern Natur
macht, und in den Grundsätzen des Worts Gottes denkt, redet
und wandelt, ohne daß er sich jedesmal erst lange darüber be-
sinnen und dazu formen darf.

In einem solchen Herzen ist zu allem, was man in der Heiligen
Schrift liest, auch die Willigkeit zu glauben da: dann hat das
Herumirren zu allerlei Licht ein Ende; die Sonne ist einem auf-
gegangen, bei der man ewig fröhlich ist. Das heißt glauben der
Offenbarung über alles, worüber man denken und ungewiß
bleiben könnte. Das Herz macht keine Einwendung, sondern
nimmt alles, was da steht, mit kreatürlicher Demut und Herz-
lichkeit an. Es können einem wohl bei Lesung der Bibel chrono-
logische, historische oder physikalische Skrupel aufsteigen, aber
mehrenteils nur bei einem Gelehrten. Wem, außer obigen Umständen, Zweifel von selbsten kommen, mit dessen Herzen ist
nicht richtig. Ein Liebhaber Jesu kehrt sich an keine Skrupel;
wer das Objekt der Bibel liebhat, dem ist alles, wo er dasselbe
darin findet, wichtig. So ist es den Alten zu ihrer Zeit gewesen;
die haben ihr Wort Gottes, wie sie es eben damals hatten, —
denn vollständig konnte es noch nicht sein, — über viel tausend
Stücke Goldes und Silbers geschätzt, und kaum einmal daran
gedacht, daß sie etwas Ganzeres haben könnten.

Aus allem obigen folgt auch: wenn eine menschliche Kreatur
etwas nicht recht verstände, so würde es ihr der Schöpfer nicht

übel nehmen, sobald er versichert ist von ihrer Willigkeit, zu glauben, was er als Wahrheit hat bezeugen und aufschreiben lassen. Das heißt bei uns, allem was im Buche steht, von Herzen glauben. Das ist mein Licht auf meinem Wege, die Klarheit, worauf ich etwas wagen kann mit Sicherheit. Es ist eine große Gnade, recht einzusehen, daß man ohne Glauben nicht nur unmöglich Gott gefallen, sondern auch über sich selbst nicht beruhigt werden und nicht fortkommen kann. Ein Mensch, der auf bloße Spekulation seinen Glauben gründet, und darauf die Hoffnung seines nach dem Tode Übrigbleibens und künftigen Ergehens setzt, der ist ein unbegründeter, armer Mensch, er sei so klug als er wolle. Das geringste Catechismus-Schülerchen, das den Worten Gottes glaubt, und das hat, was die Worte sagen und wie sie lauten, ist weiser als alle dergleichen Weisen, die je gewesen, was es auch sein mag, das sie gelesen, Lob und Dank sei dem treuen Gott, der uns den Glauben gegeben hat. Unser Grund soll die Offenbarung sein, die der menschlichen Kreatur gegeben ist, damit sie durch dieses Jammertal gewisse Tritte tun, und in den mancherlei Bedürfnissen, bei Ermangelung des Sehens, sich damit trösten können. Die bloße Offenbarung würde uns freilich nicht vollkommen machen in der Freude; aber das Objekt der Offenbarung faßt alle Stufen der Seligkeit in sich; und nach dem einer das Hauptziel, die Summarie der Sache beisammen hat, nach dem ist er selig, seliger oder allerseligst.

Über den Heiland

Du treuer Heiland! Allerliebstes Leben!
Ich, dein Geschöpf, muß zittern und erbeben
vor deinen schweren Leibs- und Seelen-Plagen,
die dich geschlagen.

Ich Sünder sollte einst den Frevel büßen,
den, wider deinen Wind und das Gewissen,
der ersten Eltern Ungehorsam übte,
und dich betrübte.

Ach! aber, hochverdienter Seelen-Retter!
Es trafen dich die angeflammten Wetter,
die sich von unsren frevelhaften Taten
entzündet hatten.

Wir brüsteten die sündenvollen Glieder,
wir türmeten das stolze Pfau-Gefieder,
wir lebeten in lauter eitlen Freuden,
und ohne Leiden.

Drum mußten deine teuren Glieder zittern,
dein edler Leib vor Angst und Graus erschüttern.
Dies mußtest du bloß allein für unsre Schulden,
aus Liebe dulden.

Drum habe Dank, du edler Freund der Seele!
Ach! nimm uns ein in deine Seiten-Höhle;
draus wollen wir den Bösewicht bekriegen,
und wollen siegen.

Morgen-Gedanken

Glanz der Ewigkeit,
GOtt und HErr der Zeit!
Sei von allen Kreaturen
für die neu erregten Spuren
deiner Gütigkeit
hoch gebenedeit.

Diese finstre Nacht
ist zum Schluß gebracht,
und die Strahlen heitrer Sonne
brechen zur gemeinen Wonne,
durch die dunkle Macht
der vergangnen Nacht.

Sehen wir dann nicht
in dem Morgen-Licht
einen Strahl von größren Kräften,
und durchdringendern Geschäften?

Sehen wir dich nicht,
Zions Sonnen-Licht?

Eile doch herbei
mit der Arzenei:
Räume weg die dicken Felle,
mache unsre Augen helle,
sonst ist unsre Not
ärger als der Tod.

Und weil in der Zeit
Nacht und Dunkelheit
unser Licht so heftig schwächten,
und so ofte unterbrechen;
weil die Lebens-Zeit
voller Dunkelheit:

So verkläre bald
deines Lichts Gestalt;
öffne die verschlossnen Siegel,
brich den unvollkommnen Spiegel,
und verkläre bald
unsere Gestalt.

Doch wenn dirs gefällt,
daß wir auf der Welt
länger noch mit lahmen Füßen
unsre Straße wandeln müssen;
o so zeig uns nur
die gerade Spur.

Richte unser Herz
zeitlich himmelwärts,
daß die Zeichen dieser Zeiten
uns zur letzten Zeit bereiten,
richte unsern Sinn
auf das Ende hin.

Gibt es in der Zeit
Schein-Vergnüglichkeit:

So verleide uns ein Leben,
das kein wahres Wohlsein geben
noch den letzten Tag
uns versüßen mag.

Solls uns harte gehn,
laß uns feste stehn,
und so gar in schweren Tagen
niemals über Lasten klagen;
denn das ist der Weg,
zu der Sternen Steg.

Kracht der Hütten Tor,
zeuch den Geist hervor,
laß ihn zu den frohen Scharen
der erlösten Geister fahren,
daß er deinen Tag
immer sehen mag.

Dann ists mit dem Graus
aller Nächte aus:
Denn ein unverrückter Schimmer
deckt der Auserwählten Zimmer;
dieses Tages Pracht
scheuchet keine Nacht.

Hilf uns da hinan
auf der Bundes-Bahn,
laß uns durch dein nächtlich Leiden
aus der Nacht der Erden scheiden;
und durch deinen Krieg,
Jesu, gib uns Sieg.

Eilt, ihr Tage, fort,
nähert euch dem Port:
Zeiten, mögt ihr doch verschleichen,
und aus unsern Augen weichen,
aber seid nicht weit
in der Ewigkeit.

Abend-Gedanken

Du Vater aller Geister,
du Strahl der Ewigkeit,
du wunderbarer Meister,
du Inbegriff der Zeit;
du hast der Menschen Seelen
in deine Hand geprägt:
Wem kanns an Ruhe fehlen,
der hie sich schlafen legt.

Es ziehn der Sonnen Blicke
mit ihrem hellen Strich
sich nach und nach zurücke,
die Luft verfinstert sich,
der dunkle Mond erleuchtet
uns mit erborgtem Schein,
der Tau, der alles feuchtet,
dringt in die Erde ein.

Das Wild in wüsten Wäldern
geht hungrig auf den Raub;
das Vieh in stillen Feldern
sucht Ruh in Busch und Laub;
der Mensch von schweren Lasten
der Arbeit unterdrückt,
begehret auszurasten,
steht schläfrig und gebückt.

Der Winde Ungeheuer
stürmt auf die Häufer an,
wo ein verschloßnes Feuer
sich kaum erhalten kann:
Wenn sich die Nebel senken,
verliert man alle Spur;
Die Regen Ström' ertränken
der flachen Felder Flur.

Da fällt man billig nieder
vor Gottes Majestät,

und übergibt ihm wieder,
was man von ihm empfäht:
Die ganze Kraft der Sinnen
senkt sich in den hinein,
durch welchen sie beginnen,
und dem sie eigen sein.

Das heißt den Tag vollenden,
das heißt sich wohl gelegt:
Man ruht in dessen Händen,
der alles hebt und trägt.
Die Himmel mögen zittern,
daß unsre Feste kracht;
die Elemente wittern;
so sind wir wohl bewacht.

Quellennachweise

I. Johann Arndt, Vier Bücher vom wahren Christentum, das ist von heilsamer Buße, herzlicher Reue und Leid über die Sünde und wahrem Glauben, auch heiligem Leben und Wandel der rechten wahren Christen; nebst desselben Paradies-Gärtlein. Herausgegeben vom Evangelischen Bücher-Verein, 4. Aufl., Berlin 1853, S. 6—9 (Vorrede) in Auszügen, S. 22 (wahrer Glaube) in Auszügen, S. 25 (Gebet um wahren Glauben); Paradiesgärtlein S. 18 (Gebet um wahre beständige Hoffnung); ,Das Bild Gottes im Menschen', zitiert nach: Werner Mahrholz, Der deutsche Pietismus. Eine Auswahl von Zeugnissen, Urkunden und Bekenntnissen aus dem 17., 18. und 19. Jahrhundert. Berlin 1921, S. 15—34 (in Auszügen).

II. Philipp Jakob Spener, Von der Wiedergeburt. Aus seiner Berliner Bibelarbeit. Herausgegeben von Hans-Georg Feller. J. F. Steinkopf Verlag, Stuttgart 1963, S. 13—33 (in Auszügen). Speners Reformprogramm, zitiert nach: Quellenbuch zur Kirchengeschichte. Band I/II: Von der Urgemeinde bis zum Beginn des 19. Jahrhunderts. Herausgegeben von H. Schuster, K. Ringshausen, W. Tebbe. Verlag Moritz Diesterweg, Frankfurt a. M., Berlin, Bonn, München 1967[7], S. 145.

III. August Hermann Francke, Anfang und Fortgang seiner Bekehrung. Zitiert nach W. Mahrholz, a. a. O., S. 107—118 (in Auszügen). Einfältiger Unterricht, wie man die Heilige Schrift zu seiner wahren Erbauung lesen solle, zitiert nach: Erhard Peschke (Hg.), August Hermann Francke. Werke in Auswahl (Luther-Verlag, Witten). Evangelische Verlagsanstalt Berlin 1969, S. 216—220. Schriftmäßige Lebensregeln, zitiert nach E. Peschke, a. a. O., S. 351—355 (in Auszügen).

IV. Gerhard Tersteegen. Die Lebensbeschreibung des Seligen Gerhard Tersteegen (Die sogenannte Alte Lebensbeschreibung), zitiert nach: Walter Nigg (Hg.), Gerhard Tersteegen. Eine Auswahl aus seinen Schriften. Auerbach-Verlag, Basel 1948, S. 7—17. Gedichte zitiert nach: Gerhard Tersteegens Geistliches Blumengärtlein der Frommen Lotterie und einem kurzen Lebenslauf des Verfassers. Neue Ausgabe. J. F. Steinkopf Verlag, Stuttgart 1956[15], daraus: S. 36 (3), S. 36 f. (7), S. 44 (40), S. 53 (85), S. 57 (100).

V. Gottfried Arnold, Wahrer Christenspiegel. Eingeführt und mit einem Anhang: Arnolds sämtliche geistliche Lieder, versehen von Albert Knapp. Stuttgart 1862, S. 215—227 (in Auszügen).

Beschluß der Kirchen- und Ketzerhistorie, zitiert nach: Gottfried Arnold. In Auswahl herausgegeben von Erich Seeberg, München 1934, S. 123—129 (in Auszügen).
Dichtungen zitiert nach E. Seeberg, a. a. O., S. 264 f. (XII), S. 265 (XIII), S. 279—281 (CXXIX).

VI. Nikolaus Ludwig Graf von Zinzendorf, Von der Heiligen Schrift, zitiert nach:
Des seligen Grafen Nicolaus Ludwig von Zinzendorf Gedanken über verschiedene evangelische Wahrheiten, aus dessen Schriften zusammengezogen. Barby, gedruckt durch Conrad Schilling, 1800 (zu finden in den Brüdergemeinen; und in Leipzig in Commission bey Paul Gotthelf Kummer), S. 3—11.
Dichtungen, zitiert nach:
Nikolaus Ludwig von Zinzendorf. Ergänzungsbände zu den Hauptschriften. Herausgegeben von Erich Beyreuther und Gerhard Meyer. Band II: Teutsche Geschichte, XII. Anhang und Zugaben I—IV zum Herrnhuter Gesangbuch. Georg Olms Verlagsbuchhandlung, Hildesheim 1964, S. 11 f. (I), S. 28—30 (X), S. 31 f. (XI).

Ausgewählte Bibliographie

Kurt Aland, Spener-Studien, 1943.

Ernst Benz, Schöpfungsglaube und Endzeiterwartung, 1965.

Ernst Benz und Heinz Renkewitz (Hg.), Zinzendorf-Gedenkbuch, 1961.

Erich Beyreuther, August Hermann Francke, 1969[3].

ders., August Hermann Francke und die Anfänge der ökumenischen Bewegung, 1958.

ders., Der junge Zinzendorf, 1957.

ders., Zinzendorf und die sich allhier beisammen finden, 1959.

ders., Zinzendorf und die Christenheit, 1961.

Heinrich Bornkamm, Mystik, Spiritualismus und die Anfänge des Pietismus im Luthertum, 1926.

Jürgen Büchsel, Gottfried Arnold. Sein Verständnis von Kirche und Wiedergeburt, 1970.

Friedrich Wilhelm Kantzenbach, Orthodoxie und Pietismus, 1966.

Jochen Klepper, Der König und die Stillen im Lande, 1962[4].

Wilhelm Koepp, Johann Arndt. Eine Untersuchung über die Mystik im Luthertum, 1912.

ders., Johann Arndt und sein „Wahres Christentum". Lutherisches Bekenntnis und Oekumene, 1959.

August Langen, Der Wortschatz des deutschen Pietismus, 1968[2].

Albert Löschhorn, Gerhard Tersteegen, 1946.

ders., Ich bete an die Macht der Liebe. Gerhard Tersteegens christliche Mystik, 1948.

Werner Mahrholz, Der deutsche Pietismus, 1921.

Walter Nigg, Das ewige Reich. Geschichte einer Hoffnung, 1954.

ders., Große Heilige, 1955.

ders., Heimliche Weisheit. Mystisches Leben in der Evangelischen Christenheit, 1959.

Martin Schmidt, Wiedergeburt und neuer Mensch. Studien zur Geschichte des Pietismus, 1969.

Martin Schmidt und Wilhelm Jannasch (Hg.), Das Zeitalter des Pietismus, 1965.

Erich Seeberg, Gottfried Arnold. Die Wissenschaft und die Mystik seiner Zeit, 1964 (Nachdruck).

Horst Stephan, Der Pietismus als Träger des Fortschritts in Kirche, Theologie und allgemeiner Geistesbildung, 1908.

Hans Urner, Der Pietismus, 1952.

Winfried Zeller (Hg.), Der Protestantismus des 17. Jahrhunderts, 1962.

127 Lebensbilder des neueren Pietismus

In sechs von Arno Pagel herausgegebenen Büchern werden insgesamt 127 Personen des neueren Pietismus im deutschen Sprachraum in Kurzbiographien vorgestellt.

SIE WIESEN AUF JESUS
TELOS-Paperback Nr. 2007, 176 Seiten

SIE FÜHRTEN ZU CHRISTUS
TELOS-Paperback Nr. 2008, 176 Seiten

SIE RIEFEN ZUM LEBEN
TELOS-Paperback Nr. 2009, 184 Seiten

ER WEISS DEN WEG
Edition C, Nr. C 16, 196 Seiten

ER BRICHT DIE BAHN
Edition C, Nr. C 17, 208 Seiten

ER FÜHRT ZUM ZIEL
Edition C, Nr. C 18, 212 Seiten

Verlag der Francke-Buchhandlung GmbH
Marburg an der Lahn